Anja Tochtermann (Aarajah Amara)

**Herzöffnung**

Anja Tochtermann
(Aarajah Amara)

# *Herzöffnung*

## Heilsame Botschaften der Kristalle

NEUE ERDE

**Hinweis**
Alle Anwendungsmöglichkeiten und Hinweise zu Heilinformationen der Kristalle und Edelsteine, welche über dieses Buch gegeben werden, dienen allein der Anregung der jedem Menschen innewohnenden Lebenskraft zur Selbstheilung und in der einem jeden eigenen Verantwortung. Die Lektüre dieses Buches sowie die Nutzung der Energien der Kristalle und Edelsteine zur Anregung der Selbstheilungskraft ersetzt nicht den Besuch bei einem Arzt oder Heilpraktiker – und umgekehrt!

Bücher haben feste Preise.
1. Auflage 2016

Anja Tochtermann
*Herzöffnung*



Titelseite:
Foto: Anja Tochtermann, Fred Hageneder
Gestaltung: Dragon Design, Wendland/Elbe

Satz und Gestaltung:
Dragon Design, Wendland/Elbe
Gesetzt aus der Minion

Gesamtherstellung: Appel & Klinger, Schneckenlohe
Printed in Germany

**ISBN 978-3-89060-696-5**

Neue Erde GmbH
Cecilienstr. 29 · 66111 Saarbrücken
Deutschland · Planet Erde
www.neue-erde.de

FSC www.fsc.org MIX Papier aus verantwortungsvollen Quellen FSC® C100257

*Öffne dein Herz,*
*tauche tief ein in deine Essenz*
*und steige auf,*
*dich erfüllend,*
*zum Licht.*

Meiner Mutter
in Liebe und Dankbarkeit

# *Inhalt*

# Ein Vorwort von der Liebe

Die Liebe macht uns das Herz auf –
von innen.

Die Liebe leitet uns, aus dem Herzen heraus zu leben,
zu denken, zu tun und zu handeln in tiefstem Sinne so,
wie wir es im Innersten ersehnen,
selbst behandelt zu werden.

Die Liebe ist unsere stärkste Kraft, unsere wahrhaftige Kraft,
die Kraft, die alles erschafft,
alles, wonach wir uns je von Herzen sehnen.

Gedenkst du der Liebe, so wirst du erfahren,
dass du selbst Liebe bist, reine Liebe.
Du bist auf dem Wege, die Liebe, die in dir wohnt, zu erfüllen
und dich damit in all deinen Facetten zu erfahren.
Die Liebe ist die einzige Kraft, die dich leitet,
genau dorthin zu gelangen, wo du sein möchtest:
in deinem Herzen.

Du kommst aus deinem Herzen
und du gehst wieder in dein Herz ein,
wenn du allein aufgehst in der reinen bedingungslosen Liebe,
die du selbst in Wahrheit bist.
So wünschst du nur eins zu wirken im Leben:
Das, was in dir ist, was sich durch dich hier und jetzt zeigen möchte,
in aller Liebe aus dir heraus fließen zu lassen
zur höchsten Freude und zum Wohle aller.

Die Liebe hat mich geleitet, dieses Buch zu schreiben. Viele Lichtwesen und Meister waren hierzu an meiner Seite, mich zu erinnern und mir zu helfen, mich dafür zu öffnen. Die mächtigen Lichtwesenheiten der Kristalle begleiten mich stets mit ihrer heilsamen Botschaft für uns Menschen und Mutter Erde. Und ich erfahre, alles wirkt gemeinsam und in Liebe zu unserem höchsten Wohl. Mögen diese Zeilen dein Herz berühren und dich erinnern, wer du in Wahrheit bist.

Im Januar 2016<br>Aarajah Amara<br>(Anja Tochtermann)

# Einklang

*Jeder Krieg beginnt im Kopf*
*eines jeden einzelnen Menschen,*
*Frieden entspringt dem Herzen.*

… und der Klang der Liebe formt das Licht zu Kristall.

Dieses Buch ist ein Buch über Kristalle und auch ein Buch über die Liebe deines Herzens, über deine innere Stimme und dein erwachendes Bewusstsein.

Du bist unendliches Bewusstsein, eine liebende Ganzheit, geboren aus der Quelle des *all-einen lebendigen Geistes*, welcher alles erschafft und alles umfasst. Du existierst in vielerlei Gestalt, um die Erfahrung zu machen, wie es ist, dich in deiner Ganzheit allumfassend zu erleben. Darin erfüllst du deine Seele und gleichsam die Seele aller. Du erfüllst darin auch den *einen* Geist von *allem, was je existiert.*

Du bist im Ursprung unendliche Liebe, die überfließen möchte, sich zu erfüllen und den Atem *Gottes*, des reinen Geistes fließen zu lassen in dir und deiner ganzen erfahrbaren Welt. Im tiefsten Innern bist du jung, rein, gütig, schön, reich, mächtig und vollkommen. Du bist ewig lebendig und ein Quell Seiner Liebe in deinem Ganzen und in deinem irdischen Sein.

Alles, was du brauchst, um dich zu erfahren und dem Ganzen zu dienen, ist stets bei dir und immer für dich da. Du darfst deine Augen öffnen, ja, alle deine Sinne, um dies zu erfahren, wo immer du gerade bist.

Doch vor allem öffne dein Herz. In deinem Herzen wohnt die eine Stimme, die ganz sanft mit dir spricht und dir sagt: »Ich liebe dich.« Sie lässt dich alles, *alles* in Liebe erfahren, was immer du aus deinem Innern heraus zu erfahren wünschst. Jedes Heilmittel, das du benötigst, ist stets greifbar nah. Alles schenkt sich dir, wie du es brauchst. Öffne dich dafür. Dich dir selbst im Innern zu öffnen, ist alles, was du je tun musst. Und deine Dankbarkeit, dass alles allseits für dich da ist in seiner Vollkommenheit, heilt dich und heilt auch deine Welt.

Kristalle und Edelsteine dienen uns als unabdingbarer Teil von Mutter Erde, um uns in unseren Erfahrungen stets daran zu erinnern, was unsere wahre Quelle ist und wo sich in uns selbst die leise Stimme der all-einigen Vernunft befindet – ewig und tief im eigenen Herzen. Die Gemeinschaft aller Kristalle, die eingebunden über ihren Ursprung in einem mächtigen Lichtbewusstseinsnetz der Mutter Erde wirken, hält in sich ein hoch komplexes Informationsfeld zu unserer Erinnerung bereit. Jeder einzelne Kristall wirkt darin, um uns wieder die reine Liebe und Vergebung zu lehren, die wir brauchen, um uns innerlich zu dem wahren Wesen zu erheben, das ein jeder Mensch im Innersten bereits ist. Wieder wahrzunehmen, wer wir im Ursprung sind und wie wir uns als Teil der Menschheit individuell erfahren möchten, als geliebtes Kind von Mutter Erde, wie auch als Gemeinschaft der Menschheit im Ganzen, dafür leuchten uns die Kristalle in Einklang den Weg.

So lass dein Herz sich öffnen durch die heilsamen Botschaften der Kristalle. Lass dich an die Natur der Dinge erinnern: an deine Liebe und dein ursprüngliches Bewusstsein. Lass dein Herz wieder und wieder berührt werden und dir die Herzöffnung schenken, die dich befähigt, deine eigene tiefgehende Heilung zu erfahren. Lass dir die tiefe Besinnung darauf schenken, dich in den großen Zusammenhängen des ewigen Lebens und der *all-liebenden* Ganzheit stets neu zu erfahren.

Jede Kristallreise in diesem Buch stellt eine geistige Verbindung und selbstermächtigende Einweihung in dein tieferes inneres Sein dar, so dass du beim Lesen mit den unendlichen Weiten reinen Seins in dir in Berührung kommst. Alle weiteren Informationen rund um die Kristallreisen mögen deinen Verstand anregen, mit deinem Bewusstsein zu wachsen.

Dennoch enthalten die Kristallenergien alles, was du brauchst, dich deiner Herzensessenz und der Welt der Energiefelder zu öffnen. Den Verstand gleich mit einzubeziehen, ist nicht erforderlich, aber vielleicht interessant. Und vielleicht sind manche, die Kristallreisen umgebenden Verstandesinformationen auch schwierig zu fassen, da unsere heutige Sprache leider arm an ganzheitlichen Ausdrücken und dafür voll von

Bewertungen ist. Jede Beschreibung stellt lediglich einen Versuch dar, Wissen zu erfassen, während die unfassbare Weisheit der Seele in Bildern lebt, wie sie die Kristalle uns schenken. Möge sich alles verbinden.

Je nachdem, wie weit du gerade dazu bereit bist und wie es dir im ganzen gut tut, kannst du beim Eintauchen in die Energien der Kristalle in sehr viele für dich unbewusste Ebenen hineinfließen. Dies geschieht unter der Obhut der Kristalle immer im Einklang mit deiner Seele und auch immer nur so weit und so tief, wie es dir gerade gut tut und deiner seelischen Entwicklung förderlich ist. Alle Kristalle besitzen in sich ganz selbstverständlich die volle Anerkennung deines Seelenweges und auch deines freien menschlichen Willens. Ihre Energie fließt stets so zu dir, fordert und fördert dich in deiner Entwicklung, wie es dir im Ganzen dienlich ist.

Über dein Herz kannst du alles erspüren. Du kannst die für dich wichtigen Heilpflanzen, Farben, Räume, Begegnungen und alles, was du zum Wohlsein benötigst, als stimmig empfinden. So ist es gut für dich, jene Kristalle und Edelsteine stofflich anzuwenden, aufzulegen oder zu tragen, welche dir in deinem Herzen stimmig erscheinen, nicht unbedingt die, welche ein anderer Mensch für dich auswählt.

Du kannst dich über viele Menschen, Bilder, Erfahrungen, Bücher, Begegnungen, Lehrer und Meister anregen lassen. Du wirst mit jeder Anregung immer etwas spüren. Deine Stimmigkeit im Herzen weist dir den Weg. Sie führt dich zu einem Ort, zu einem Lehrer, zu einem Meister und auch wieder zum notwendigen Abschied und in die Stille deiner selbst. Am Ende lebt der Meister deines eigenen Lebens in dir. Öffne dein Herz und spüre deinen eigenen Weg. Lass dich berühren und sei doch klar bei dir, in liebevoller Aufmerksamkeit mit dir selbst.

Ich wünsche dir in allem eine gesegnete Reise zu dir selbst.

# Kristalle und ihre heilsamen Energien

Kristalle und Edelsteine offenbaren sich als kristallisiertes *göttliches* Bewusstsein von hoher Schwingung und reiner bedingungsloser Liebe. Kristalle sind sich ihrer Reinheit, ihrer natürlichen Ganzheit und ihres Lichtes vollkommen bewusst. In dieser Wahrheit liegen mein Zugang zu der Welt der Kristalle und Edelsteine und meine Achtung und meine Liebe zu diesen großartigen Wesenheiten, die uns Menschen vollkommen und im Einklang mit allem Leben dienen.

Neben interessanten persönlichen Begegnungen mit Menschen, welche sich der Welt der Kristalle auf außergewöhnliche Art öffnen, eröffnete sich mir im Jahre 2008 ein besonderer Zugang zum Kristallwissen, als ich in einer Meditation eine äußerst bewegende innere Begegnung mit einem heiligen Lichtwesen aus den hochgeistigen Dimensionen Lemurias hatte. Dieses weise Lichtwesen zeigte sich mir als ein sehr alter, beinahe ätherisch erscheinender Mann von hoher Leuchtkraft, liebevoller Klarheit, innerer Weisheit und Macht. Ich erinnerte mich durch diese tiefe Begegnung an eine »längst vergangene Zeit« in Lemuria, als ich bei diesem Meister in die Lehre ging, um die Energien der Kristalle zu erfahren.

Aus dieser trotz uralter Erdenzeit so nah erscheinenden Begegnung heraus und durch besondere Begegnungen mit den Kristallwesenheiten und deren Hütern und Lichtbegleitern entspann sich mein weiterer innerer Weg, die Kristalle in ihrer Kraft und Wirkung für uns Menschen in der heutigen Zeit zu erspüren und zu erleben. Mein »damaliger« Lehrer erscheint mir des öfteren, wenn ich an der Schwelle zu neuem Bewusstsein, zu im Hier und Jetzt noch Unfassbarem stehe, um mir durch seine lichtvolle Anwesenheit zu signalisieren, dass ich auf dem Weg der

Wahrheit bin. Ich erinnerte und erinnere mich gerade über die Kristalle vieler Seinsebenen und irdischer Erfahrungen, um im Hier und Jetzt neu anwenden zu lernen, was meine Seele bereits kennt und was auf Erden offenbart und neu geschöpft werden mag.

Heute erlebe ich jeden Kristall in einer inneren Begegnung. Ich sehe sein Licht und erfahre seine gespeicherten Informationen zur Heilung in Form von inneren bildhaften Reisen. Ich vernehme dazu die Klänge der Kristalle, um sie wiedergeben zu können.

In meiner Wahrnehmung der Welt der Kristalle fühle ich den Wunsch, auch dein Herz zu berühren. Dass auch du dich erinnern magst, wie ein jeder Mensch sich erinnern möge, welch heilsame Botschaften das Licht der Kristalle für jeden einzelnen Menschen und unsere Mutter Erde bereithält, das wünsche ich mir von Herzen.

Mögen in dieser Zeit des Erwachens und des großen Umbruchs im Menschheitsbewusstsein auch dich all die lichtvollen Informationen erreichen, welche in den Kristallen vom Beginn des menschlichen Daseins auf Erden gespeichert sind. Mögen diese Informationen vom reinen Ursprung des Menschen auf Erden einem jeden Menschen heilsam dienen, das eigene Herz wieder der Liebe und Ganzheit zu öffnen und daraus zu schöpfen.

Kristalle und Edelsteine erkenne ich in erster Linie als Organe der Erde und für unseren Heimatplaneten als genauso wichtig wie für uns Menschen unsere Körperorgane. Wie wir Menschen in erster Ursache geistige Wesen sind, so sind auch die Kristallwesenheiten geistiger Natur. Das, was wir als Kristallformen in den Händen halten, anschauen und bewusst auf uns wirken lassen dürfen, ist nur ein Teil dessen, was ursächlich als liebende und hochschwingende Kristallwesenheiten existiert.

In Anbetracht dieser Wahrheit werden Kristalle und Edelsteine heute überwiegend unbewusst angewendet, vorwiegend als Schmuck oder Heilsteine, zur Informationsübertragung, zum Energetisieren von Wasser und Räumen oder einfach als Prestigeobjekte. Die Absichten, mit denen wir Menschen die Kristalle heute nutzen, und die Art und Weise, wie Kristalle und Edelsteine bewusst geschätzt, behandelt, bearbeitet und angewendet werden, sind vollkommen verschieden.

Was uns heute jedoch zunehmend bewusster zur Verfügung steht, ist die unverfälscht reine und heilsame Energie der Urkristalle in ihrer Gesamtheit auf Mutter Erde, welche sich als Mutterkristalle und Lichtorgane der Erde offenbaren. Dieses Wissen ist nicht neu, es war nur lange Zeit vergessen und verkümmert und möchte neu entdeckt werden.

Doch in welcher Absicht und Form ein Mensch Kristalle auch anwendet und behandelt, die Kristalle wirken immer in ihrem Licht der Ganzheit und im Prozess der Entwicklung des Menschen auf Mutter Erde. Im Prozess des gemeinsamen Aufstiegs in höhere Dimensionen unseres Seins dienen uns die Kristalle der Erde immer im Ganzen, um uns selbst individuell wie als Menschheit zu vervollkommnen. Unseren eigenen Beitrag am kollektiven Wachstum anzuerkennen und zu erfüllen wie auch unseren Planeten wieder heil sein zu lassen, dazu erhalten wir stetig Impulse durch den lichtvollen Ursprung unseres Seins auf Mutter Erde, welcher als Ur-Information in der Gesamtheit aller Kristalle gespeichert ist.

Ob sich Kristalle in deinem persönlichen Besitz befinden oder nicht, in irgendeiner Weise sind die Kristallenergien immer eng mit uns allen und unserem Wirken verbunden. Wie ein multidimensionales Netz liebevoller Energie umarmt und durchstrahlt uns das Licht der Kristalle in unseren Leben auf Mutter Erde schützend, auch herausfordernd, doch immer in der Liebe leitend. Die Kristalle wirken bereits und allein durch ihr Dasein in Mutter Erde, ohne dass wir sie berühren oder besitzen müssen. Materieller Besitz ist allgemein eine zeitbegrenzte Illusion. Egal, was wir je tun und wozu wir uns im Handeln entscheiden, das Licht aller Kristalle hüllt uns stetig ein in die reine Energie der Liebe und Vergebung, die uns zurück zu Frieden und Glück und der ersehnten Einheit unserer aller Herzen führt.

## Die universellen Gesetze des Lebens

Die gesamte Menschheit lebt heute in einer Welt aus äußeren Bestimmungen und Gesetzen, welche von Menschen gemacht sind und immer nur einem Teil der Menschheit Sicherheit geben können. Je weiter sich der Mensch in seiner Entwicklung von seinem Ursprung und einem vollständigen Bewusstsein entfernt, um so mehr Bestimmungen, Regeln und Gesetze braucht er, um sich in der materiellen Welt zurechtzufinden. Je größer das Vergessen und der Abstand vom eigenen Ursprung jedoch sind, um so näher kommt der Mensch der Frage, woher er wirklich stammt, was ihn antreibt und was ihn am Leben erhält.

Es existieren neben den vom Menschen aufgestellten, unwirklichen und flüchtigen Gesetzen natürliche und ewige Prinzipien. Nach dem letzten uns bekannten Verfasser dieser für uns wahrnehmbaren Weisheitsprinzipien, Hermes Trismegistos, sind uns sieben kosmische Gesetze bekannt, auch »Hermetische Gesetze« genannt. Die universellen Prinzipien bilden die Grundlage des Lebens und führen jeden Menschen durch seine Entwicklung, ob es ihm bewusst ist oder nicht.

Auch wenn ich heute bereits die Existenz von bis zu zwölf universellen geistigen Prinzipien wahrnehme, ohne sie schon verständlich ergreifen zu können, möchte ich auf die sieben begrifflich erfassten Gesetze, welche die Prinzipien der *göttlichen* Schöpfung auf einfachste Art ausdrücken, kurz eingehen. Du wirst von den Grundprinzipien immer wieder berührt werden, wenn du die folgenden Zeilen liest. Sie schwingen in Verbindung mit den Themen und Aussagen in diesem Buch und werden darin nach all der Theorie verständlicher wahrnehmbar sein.

Über die sieben universellen Prinzipien wird begreifbar, was der Mensch beachten sollte, um seinen inneren Pfad zu Ganzheit und Erfüllung zu entwickeln:

## *Geist*

Das erste universelle Gesetz beschreibt das Prinzip des Geistes, wonach alles aus Geist hervorgeht, alles im Grunde Geist ist und unteilbar Eins. Der Geist beherrscht die Materie.

## *Ursache und Wirkung*

Das zweite universelle Gesetz beschreibt das Prinzip von Ursache und Wirkung, wonach jedem Impuls, egal ob in Gedanken, Gefühlen oder

Taten, eine Wirkung folgt und es zu jeder Wirkung eine Ursache gibt. Alles, was je ausgesendet ist, kehrt zurück. Der Begriff Karma geht aus diesem Prinzip hervor.

### *Entsprechung*

Das dritte universelle Gesetz beschreibt das Prinzip der Entsprechung, wonach es für alles eine analoge Erscheinung gibt, wie oben, so unten, wie innen, so außen. Alles ist in allem enthalten.

### *Resonanz*

Das vierte universelle Gesetz beschreibt das Prinzip der Resonanz, wonach alles, was von gleicher Energie oder Ähnlichkeit ist, einander anzieht, alles, was zueinander unähnliche Energien besitzt, einander abstößt.

### *Harmonie*

Das fünfte universelle Gesetz beschreibt das Prinzip der Harmonie, wonach alles, ob nun ähnlich oder unähnlich, immer danach strebt, in einen Ausgleich zu gelangen, um in Harmonie zu existieren.

### *Schwingung*

Das sechste universelle Gesetz beschreibt das Prinzip der Schwingung, wonach alles schwingt und in einem Rhythmus existiert. Jeder Zyklus beinhaltet auf- und niederschwingende Phasen, ein Entstehen und Vergehen, wie im Yin und Yang.

### *Polarität*

Das siebte universelle Gesetz beschreibt das Prinzip der Polarität, wonach zu jedem Ganzen Pole gehören, welche zueinander gegensätzlich wirken und zusammen eine Einheit bilden, in der Dualität gehören jeweils zwei Pole einer höheren Ganzheit an.

# Licht und Klang in Farbe und Resonanz

*Alles schwingt und offenbart sich in Licht und Klang.*

Wie alles Leben besteht ein jeder Mensch aus Schwingung, welche sich auf höherer Ebene in Licht und Klang offenbart. Bewusster als den Klang nehmen wir zuerst das Licht besonders im Ausdruck der Farben wahr. Doch auch der Klang einzelner Wesenheiten wird sich uns offenbaren, sobald wir in der Lage sind, selbst so viel Harmonie untereinander herzustellen, dass wir den ursprünglichen Klängen lauschen können, ohne von ihnen überwältigt zu werden.

Jede Kristallwesenheit erstrahlt aufgrund ihrer sogenannten Klangfarbe in einem besonderen Licht, das sich für uns neben ihrer Form und energetischen Ausstrahlung besonders in der farblichen Erscheinung präsentiert. *Jede* Erscheinung in der sinnlich erfassbaren Welt ist farblicher Ausdruck eines harmonischen Klangs, eines Schöpfungstons und schwingt in einer sogenannten Klangfarbe.

Das Energiefeld eines Menschen drückt sich ebenfalls in Farben aus. Diese sind veränderlicher und leichter beeinflussbar als die kristallinen Erscheinungsformen und auch als die physische Erscheinung eines Menschen. Das liegt daran, dass die Aura eines Menschen dynamischer und hochschwingender ist als ein stofflicher Körper, welcher den am meisten verdichteten Anteil des Energiespektrums eines Lichtwesens repräsentiert und so die niedrigste Schwingung seines Daseins aufweist.

Die zu einem bestimmten Zeitpunkt erscheinende Farbenpracht einer Aura wird durch die Themen und Bewusstseinsschritte bestimmt, mit welchen sich ein Mensch zu der Zeit oder auf lange Sicht intensiv auseinandersetzt.

Je höher die Konzentration der Lebensenergie auf ein bestimmtes Thema ist, um so eher ergeben sich in der Aura stabilere Farbmuster, die sich je nach Intensität in eine Verdichtung bis hin zu Materie entwickeln können. So gesehen, manifestieren wir mit unseren Absichten und unserer geistigen Ausrichtung die eigene Erscheinung in der physischen Welt, ebenso wie Gesundheit und Krankheit.

Konzentrierte Energieformen, die sich manifestieren können, entstehen bewusst oder unbewusst. Unbewusste Themen wirken energetisch um ein Vielfaches stärker als bewusste. Der Grund dafür ist das ständige Bestreben eines Gesamtorganismus, in einer Harmonie zu schwingen. So versucht er prinzipiell, alles sichtbar zu machen, was der bewussten Ganzheit noch nicht angehört.

Heilung ist Bewusstsein. Unbewusst blockierende Anteile wirken deswegen stärker, weil sie gänzlich in das Bewusstsein gelangen müssen, um heilsam in die Ganzheit hineinzufinden.

Ein reines Lesen der Aura ist sehr hilfreich, sich der Hintergrundmotive für anhaltende Disharmonie oder Krankheiten bewusst zu werden, um sich durch die Bewusstwerdung in eine gesunde Balance zu bewegen. Momentaufnahmen der Aura sollten aufgrund ihrer Dynamik allerdings nicht festgehalten werden. Der Blick in das Energiefeld eines Menschen möchte in erster Linie auf die Entwicklung gerichtet sein.

Am intensivsten leuchtend zeigen sich in unserer Aura in der Regel die Schnittstellen zwischen unseren unterschiedlich schwingenden Energie-Körpern. Diese energetischen Steuerzentren – auch Chakren genannt – offenbaren sich für uns vorrangig in farbigem Licht.

Die Chakren eines Menschen erstrahlen in seinem Energiekanal überwiegend in einem Farbenspektrum von erdig tiefem Rot über Orange, Gelb, Grün und einem hellen Blau zu Indigoblau, Violett und reinem Weiß. Auch Lichtgold kann vertreten sein, wenn ein Chakra oder der gesamte Chakrenkanal in Einklang mit der *göttlichen Harmonie* schwingen. Die Chakren werden im Kapitel »Heilkunde für den ganzen Menschen« intensiver beleuchtet.

Kristalle und auch andere Heilmittel, die ein Licht in der Farbe eines bestimmten Chakras ausstrahlen, wirken besonders stärkend für dieses Energiezentrum und haben in der Regel auch eine entsprechende farbliche Erscheinung, was unserem Erkennen dienlich ist.

Nach dem universellen Gesetz der Resonanz ziehen wir an, was wir ausstrahlen. Nicht nur Ereignisse der Liebe oder der Angst ziehen wir an, sondern natürlich auch heilsame Schwingungen in den zu uns passenden Klängen und Farben. Wir ziehen also von Natur aus genau die Kristalle in unser Leben, die uns hilfreich und für unsere Heilung unentbehrlich sind.

Über unsere Energiezentren hinaus erzeugen natürlich alle Energieformen in der Aura eines Menschen eine Anziehung für Resonanzschwingungen von außen. Tief unterdrückte, weil abgelehnte Emotionen wie Angst, Groll, Schuldgefühle, Neid, Eifersucht oder die Sucht nach Anerkennung, um einige zu nennen, haben aufgrund unserer eigenen Ablehnung eher dichte und unharmonische Energieformen in der Aura zur Folge. Sie wirken dadurch anziehend auf ähnliche disharmonische Energiefelder. Liebe, Freude und echtes Mitgefühl hingegen erzeugen in unserem Energiefeld, weil sie uns angenehm und willkommen sind, eher harmonische und leuchtend klare Klangfarben, woraufhin wir eine Anziehung für diese Schwingungen ausstrahlen.

Die Art der Gefühle ist für die Seele immer gleich wertvoll. Disharmonie entsteht lediglich durch die Bewertung in gute oder schlechte Gefühle oder Unterdrückung der ungewollten Anteile in das Unbewusste. Es ist wichtig zu verinnerlichen, dass jedes Gefühl wertvolle Lebensenergie enthält, die zum Ganzen dazugehört. Die Seele wünscht immer *alles* anzuerkennen und hervorzubringen, ungeachtet unserer Bewertung. Und es ist nur immer unsere eigene oder auch eine übernommene Bewertung, nicht die Art der Gefühle selbst, was uns Leid oder Liebe erfahren lässt.

Die *göttliche Harmonie*, der Ursprung allen Seins, hält in sich stetig in Liebe die Balance von *allem, was ist.* Die beständige Erhaltung des Einklangs göttlicher Harmonie können wir uns über die kosmischen Gesetze erklären. Das Gesetz der Resonanz ist ein solches universelles Gesetz und beschreibt das Prinzip der Anziehung von Ähnlichem, welche eine wichtige Grundlage aller heilsamen Vorgänge in uns selbst bildet und damit auch außerhalb von uns in der erfahrbaren Welt. Wir ziehen an, was wir ausstrahlen, um von der Illusion des Getrenntseins in eine bewusstere Ganzheit zu gelangen, was letztendlich Heilung bedeutet.

Ziehen wir nach dem universellen Gesetz der Resonanz aufgrund unbewusster Gefühlsschwingungen bestimmte Ereignisse an, können uns bereits die Ereignisse Heilung bringen, wenn sie durch gesunde, das heißt wertfreie Integration zur Bewusstwerdung unterdrückter Emotionen führen. Das Resonanzprinzip ist der Grund, warum wir uns wiederholt in Situationen mit denselben sogenannten »Schwierigkeiten« wiederfinden können. Dies stellt jedoch nur dann ein Ärgernis dar, wenn wir es zurückweisen. Jede erneute Anziehung der »Schwierigkeit« bietet immer wieder eine neue Chance zur Heilung. Annahme und Akzeptanz dessen, was da ist, sind der Schlüssel zur Heilung.

Nach dem Resonanzgesetz ziehen wir natürlich nicht nur ungeliebte Situationen, Energien und Ereignisse an, sondern auch Heilenergien aller Art. Es existieren zahlreiche heilende Energien und Wesenheiten in unserer Welt, die uns mit derselben Farb- und Klangresonanz antworten können. So kommen bestimmte Kristalle aufgrund ihres Lichtes, ihrer Farbe scheinbar zufällig in unser Leben, vermutlich ohne dass wir den Grund erahnen. Dabei scheinen in der Welt der Kristalle helle wie dunkle Farben gleichwertig zu sein.

Dunkle Kristalle schenken uns ihre Liebe, wenn die Ausstrahlung unserer Aura stellenweise dicht und undurchsichtig ist. Eine Verdichtung spricht immer für ein Bedürfnis nach Lösung und nicht für eine Verurteilung. Es ist so wichtig, anzuerkennen, dass »hell« und »dunkel« einfach »hell« und »dunkel« sind, also nicht mit »gut« und »schlecht« bewertet werden dürfen. Die Farben der Heilung, alle Teile des Ganzen sind immer vielfältig und vollständig. Nicht nur im Weiß sondern auch im Schwarz sind alle Farben ursächlich enthalten. Weiß und Schwarz sind zwei Ausprägungen ein und derselben Energie innerhalb der erfahrbaren Dualität. Aus Weiß wie auch aus Schwarz gehen alle Farben hervor.

Die Resonanz der Klangfarben ist auch der Grund, warum wir uns oft auf unerklärliche Weise zu bestimmten Kristallen hingezogen fühlen – und durchaus nicht immer zu jenen, von denen wir zu wissen glauben, dass sie uns stärken. Unterdrückte Gefühle, die in uns disharmonische und dicht erscheinende Bereiche erzeugen, ziehen zur Lösung der Verdichtungen auch entsprechend dunkle Klangfarben und Kristalle an, wie beispielsweise den Schwarzen Turmalin, diverse Obsidiane, Schungit, Rauchquarz oder Hämatit, um nur einige zu nennen. Selbst Grau, Braun oder Schwarz sind Farben, in denen unser Energiefeld oder einzelne Energieformen schwingen können. Auch in diesen Farben gibt es wunderschöne Kristalle. Alles gehört zu einer gesunden Ganzheit dazu. Nur eine Vollkommenheit erstrahlt wahrhaftig und birgt Harmonie.

Ungeliebte und unterdrückte Emotionen können nicht gelöst werden, indem sie abgetrennt werden, denn dies würde eine Abspaltung eines Teils von uns selbst zur Folge haben. Ebenso, wie alle Farben zur Ganzheit dazugehören, sind alle Emotionen wertvoll und wichtig für die Einheit. Aus diesem Grund geht Heilung immer mit einer Bewusstwerdung einher. Bewusstsein schenkt einem bislang unterdrückten Gefühl die Anerkennung, die es braucht, damit es *an-erkannt* werden und also frei fließen kann. Natürliche Ganzheit ist die Folge. Ganzheit bedeutet, dass alle Energien einem gemeinsamen Ziel dienen und nichts ausgeschlossen wird. Nur Abgetrenntes und Ausgeschlossenes ist in der Lage, Widerstand zu bilden und der Ganzheit entgegenzuwirken.

Es ist nicht nur gegen jede Krankheit ein Kraut gewachsen. In allen Formen und Farben offenbaren sich in der uns allzeit umgebenden Natur von Mutter Erde Hilfsboten der Heilung. Gehst du aus der künstlichen Welt hinaus und in die Natur, beginnt deine Heilung. Die Natur heilt.

Da alles schwingt und alles im Grunde vollkommen ist, existiert zu jedem Thema immer auch etwas, was damit in Resonanz geht. Es bestehen innerhalb der unendlichen Fülle unseres Weltenalls jede Menge Resonanzen, die uns dazu dienen, jede auftretende Schwierigkeit zu meistern. Nur wir selbst entscheiden, ob die sich zeigenden Hilfsmittel uns angenehm sind oder nicht. Annahme und Akzeptanz dessen, was ist, so möchte ich wiederholen, bilden den Schlüssel zur Heilung.

Zu bewusster Ganzheit führt letztendlich alles, was wir zu uns ziehen. Strahlen wir Ärger oder Streit aus, so werden wir natürlich in erster Linie Ärger und Streit zu uns ziehen und erfahren. Dennoch gehören alle Energien zum *großen Ganzen* dazu. Nur über die Achtung aller Energien in uns bringen wir diese auch in Harmonie und erleben insgesamt Ganzheit und reine Liebe.

Wir können natürlich »an uns arbeiten«, dass wir bewusst nur das ausstrahlen, was wir anziehen möchten, und in uns lösen, was wir nicht mehr anziehen möchten. Wir können natürlich auch unsere Gedanken, die Sprache, die Mimik und auch die Gestik kontrollieren, um nur »Positives« auszustrahlen. Dennoch möchte der Mensch in seiner Meisterschaft noch einen Schritt weitergehen und alles anerkennen. Nur einen Teil zu erleben oder Kontrolle darüber auszuüben, was wir erleben, hat nichts mit Ganzheit zu tun.

Indem wir uns einfach dem öffnen, was wir anziehen, und lernen, es zu akzeptieren, weil nur dies wahrer Ganzheit entspricht, heilen wir. Werden wir uns darin bewusst, was wir ausstrahlen, und nehmen wir es an, so bringen wir alles in uns selbst in Harmonie und erkennen darin den wahren Frieden, der die Einheit von allem umfasst.

Alles zieht sich gegenseitig an, um sich in der Vollkommenheit wieder erkennend zu begegnen. In dem Weg aus der Einheit der Quelle hinaus in all die Erfahrungen von Getrenntheit ist jedweder Rückweg zur Ganzheit bereits enthalten. Niemand kann verlorengehen. Nichts kann von der Ganzheit einfach weggelassen werden. Wir brauchen uns im Grunde nur widerstandslos zu erfüllen. Alles ist Energie, und das Leben ist ewig. Diese Wahrheit »erinnert sich uns« stetig über das Licht der Kristalle der Mutter Erde in ihrer liebevollen Beständigkeit.

## Der individuelle Kristall

Es gibt zahlreiche Arten von Kristallen, die durch uns Menschen je nach Zusammensetzung, Erscheinung und Entstehungseigenschaften ihre Namen und ihre Bedeutung erhalten. Über die uns heute bekannten Kristallarten hinaus ist es durchaus möglich, dass sich uns mit der Zeit noch weitere, neue Kristallarten in unserer erfahrbaren Welt zeigen. Ebenso kann es natürlich sein, dass sich ganze Kristallarten zurückziehen, ist ihre Aufgabe für die Menschheit erfüllt.

Über die allgemeinen Eigenschaften seiner Kristallart hinaus, etwa Bergkristall, Rosenquarz oder Amethyst, besitzt jeder einzelne Kristall seinen ganz individuellen Charakter, der sich auf vielseitige Weise differenzieren lässt. Neben den sichtbaren Kennzeichen, wie zum Beispiel Farbe, Form, Glanz, Klarheit oder Einschlüsse, bestimmen die elementare Zusammensetzung, die Herkunft, das Wachstum und die Umstände seiner Entwicklung, Bergung und Bearbeitung die Einzigartigkeit eines jeden Kristalls.

Insgesamt betrachtet, stellen die inneren und äußeren individuellen Eigenschaften eines Kristalls sein außergewöhnliches Wesen dar und machen jeden Kristall zu etwas ganz Besonderem. Darüber hinaus begegnet uns in jedem einzelnen Kristall eine Lichtwesenheit, die einem Bewusstseinsspeichernetz auf Mutter Erde angehört und uns Menschen in unserer ganzen Entwicklung dienlich ist.

Eine Kristallindividualität findet ihren Ausdruck darin, dass wir uns nicht unbedingt von allen Kristallen einer Art gleichermaßen angezogen fühlen, sondern vielleicht von diesem oder jenen »Stück« ganz besonders.

Übt ein Kristall auf dich eine außergewöhnliche Anziehung aus, so kann dies daher kommen, dass die Entwicklungsbedingungen, die Besonderheiten oder der Werdegang dieses Kristalls deinem Lebensweg ähnlich sind oder insgesamt eine Entwicklungsbotschaft für dich bereithalten. Die energetische Information der Ausstrahlung dieser Wesenheit kann zu deiner Heilung beitragen und damit zu einem wachsenden Bewusstsein deiner ewigen Vollkommenheit.

Die Ähnlichkeit der physischen Entwicklung eines Kristalls mit deinem Lebensweg wirkt vor allem emotional, aber auch körperlich und zuweilen mental heilsam. Eine Anziehung entsteht immer durch die Resonanz der Klangfarbe zwischen dir und dem Kristall, welche über den Verstand kaum zu fassen ist. Die Resonanz birgt eine dem *großen Ganzen* ewig innewohnende Heilungsbewegung. Eine jede individuelle Kristallenergie, die dich in einer bestimmten Weise berührt, ob bewusst oder unbewusst, schenkt dir in deiner Individualität Heilung.

Kristalle sind als lebendiges Licht kristallisierte Lichtwesen, und als solche treten sie mit uns Menschen auf ihre ganz besondere Weise multidimensional und bewusst, jedoch achtsam und zurückhaltend in Kontakt.

Vielleicht hast du dich schon einmal von einem bestimmten Kristall derart angezogen gefühlt, dass du ihn unbedingt in die Hand nehmen musstest und liebevoll mit den Fingern über ihn gestrichen hast. Möglicherweise hast du auch schon einmal gezögert, einen bestimmten Kristall an dich zu nehmen, und dieser ließ dir so lange keine Ruhe, bis du ihn dann erstanden hast. Unter Umständen hast du schon einmal einen bestimmten Kristall unbedingt erwerben wollen, doch der war in dem Geschäft plötzlich nicht mehr zu finden, obwohl der Händler sich sicher war, ihn zu besitzen.

Unerwartetes, scheinbar Zufälliges kann im Umgang mit den Kristallen geschehen. Nichts widerfährt dir zu deinem Verdruss, sondern einzig in Liebe, damit du das richtige Kristallwesen für deine Heilung findest oder es dir ganz einfach den rechten Zugang erschließt. Manchmal kommt ein von dir bevorzugter Kristall nicht zu dir, sondern gelangt zu einem anderen Menschen, für den er offenbar gerade wichtiger oder passender ist. Etwas ganz anderes oder auch Unerwartetes zeigt sich dann vielleicht für dich. Alle sogenannten Zufälle lehren uns, sie so anzunehmen, wie sie sind: Zu-Fälle, in denen uns etwas *zu-fällt*. Wieder mehr auf die Intuition zu hören, dem Bauchgefühl, der inneren Stimme zu vertrauen und geschehen zu lassen, was geschehen will, ist ein machtvoller Weg, den die Kristalle uns lehren.

Es gibt heute viele Hinweise und Erklärungen, welcher Stein wie und wofür angewendet wird, bei welchem Leiden, für welches Sternzeichen und so weiter. Doch wie der »Stern«, unter dem ein Mensch geboren ist, viel mehr enthält als ein Zeichen, in dem die Sonne zu seiner Geburtsstunde stand, ist ein jeder Mensch einzigartig und lässt sich nicht allein den Eigenschaften eines von zwölf Sternzeichen zuordnen. Selbst eine Krankheit oder ein spezifisches Organleiden bei einem Menschen ist niemals gleich dem Leiden eines anderen Menschen, wenn die Krankheit auch denselben Namen trägt.

So kommt es mit Sicherheit vor, dass du intuitiv einen ganz anderen Kristall wählst, als den, welchen du für dich oder ein zu heilendes Leiden empfohlen bekommst. Auch kann sich deine intuitive Wahl von der zuvor getroffenen Wahl, die vom Verstand beeinflusst war, unterscheiden. Vertraue darauf, dass das, was tatsächlich eine stimmige Wahl ausmacht, tief in dir selbst lebt. Es ist dein Gefühl, das dir sagt, welcher Kristall dir gut tun könnte, wie er getragen oder wohin er gelegt werden möchte und auch wie er gereinigt werden kann. Daher höre immer auf deine innere Stimme und gehe immer mehr dazu über, deiner Intuition zu vertrauen.

## Die Mutterkristalle der Erde

Jeder einzelne Kristall, der uns Menschen zum Gebrauch gegeben ist, existiert im Ursprung als reines und hochschwingendes Lichtwesen. Als dieses besteht jeder Kristall als bewusster Anteil einer höheren Kristallwesenheit, welche für ihn so etwas wie das mütterliche, *höhere Selbst* ist.

Als Teil seines Mutterkristalls trägt jeder Kristall neben den individuellen Eigenschaften die reine Urinformation seines Mutterkristalls in sich und damit auch einen Teil der Urschöpfungsinformation der Menschheit auf Mutter Erde.

Ein Mutterkristall ist von reiner *göttlicher* und unverfälschter Energie. Er ist so etwas wie die Seele aller Kristalle einer Art und steht vorbehaltlos im Dienste des *allumfassenden Ganzen.* Ein Mutterkristall ist für einzelne Wesen oder einen Teil der Menschheit vollkommen unantastbar, rein und autark. Er spendet all seinen Kristallkindern stets und ständig die wahrhaftige Energie der Ganzheit.

Wenn wir uns einen Mutterkristall als ein ausgedehntes in den Tiefen der Erde lagerndes Kristallvorkommen vorstellen, von dem alle stofflich existierenden Kristalle seiner Art abstammen, so können wir uns damit allenfalls ein schwaches Abbild der geistigen Größe dieser höheren Kristallwesenheit machen.

Ein Mutterkristall schwingt in einer höheren Dimension als der, die wir Menschen im allgemeinen als unsere Realität erfahren. Diese Dimension ist jedoch genauso real, wie der Baum und das Gras, das wir auf einem Spaziergang in der Natur berühren, so real wie die Hand eines lieben Menschen, die wir halten.

Ein Mutterkristall sendet als Urinformationsspeicher und Lichtorgan von Mutter Erde unaufhörlich in bedingungsloser Liebe seine Energie an jeden einzelnen Menschen, jedes Wesen und Mutter Natur und eröffnet damit Räume der Erinnerungen an das wahrhaftige *göttliche* Sein auf Erden.

Die Dimension der Mutterkristalle können wir über unsere Absicht und die damit verbundene Erhöhung unserer geistigen Schwingung erreichen. Es ist eine Dimension in uns selbst, die uns an unser *höheres Selbst* und ein Leben im völligen Einklang mit allen Menschen, allen Wesen, ja allem Leben erinnert einschließlich unseres Planeten Erde und dem ganzen kosmischen Sein.

Die reine Energie unseres ursprünglichen Seins im Einklang mit *allem* wird mit jedem Schritt in der eigenen Bewusstseinsentwicklung stärker wahrnehmbar. Und soweit wir uns dieser tief in uns selbst vorhandenen Dimension der Mutterkristalle öffnen, können wir dort eintreten und uns darin erfahren.

Sich der Energie eines Mutterkristalls zu öffnen und die in ihm gespeicherten Informationen zu erfahren, bedeutet, einer großen Lichtwesenheit zu begegnen, die ihre Botschaft für uns in stetiger Ausstrahlung gezielt übermittelt, indem sie alle unsere Sinne berührt.

Jede einzelne Mutterkristallwesenheit scheint einerseits aus reinem Sein zu bestehen, andererseits aber auch Übermittler von Botschaften zu sein, und diese Facette möchte ich als Hüter oder Botschafter der Kristallwesenheiten bezeichnen. Jede Hüterenergie fungiert als eine Art Übersetzer für die Sinne und ist ein wahrer Sendekünstler und Filmvorführer für unsere innere Wahrnehmung, so dass wir die zielgerichtete Botschaft eines Mutterkristalls im Herzen und mit allen Sinnen erfassen können.

Eine Mutterkristallwesenheit präsentiert sich als eine ganze Welt von Wahrhaftigkeitserfahrungen, die den in reiner Absicht Suchenden und Fragenden eintauchen lässt, um diese Welt ganz in sich aufnehmen und auf diese Weise erinnern zu können. Die Hüterenergie zeigt sich immer entsprechend der Aufnahmefähigkeit des Fragenden und gemäß seinem Wunsch nach Erkenntnis und Antwort.

Es hängt immer von deiner Absicht und deiner Offenheit ab, mit der du in eine Kristallenergie, in die Botschaft eines Mutterkristalls oder in die ewige Natur der Dinge eintauchst, was sich dir dann letztendlich offenbart. In diesem Sinne mögen dein Wunsch und deine Absicht je im Einklang mit allem Leben sein, so sie dem *höchsten Wohle von allem* dienen.

Alle Kristallbotschaften in diesem Buch sind mit Hilfe von Kristallen übermittelt worden, die eine komplette Reinigung von Individualenergien erfahren haben und so die reine Information ihres Mutterkristalls repräsentieren. Jeder Kristall hat sich mir auf meine Absicht hin gezeigt und sich – mit der kompletten Reinigung und Neuanbindung an seinen Mutterkristall – aus eigenem Antrieb von seiner Individualenergie verabschiedet, um die vollständige Schwingung und den Informationsgehalt seines Mutterkristalls zu repräsentieren.

Falls du dich fragst, wie du die Wünsche eines Kristalls erfahren kannst, weil du sie vielleicht noch nicht spürst, so wisse, dass du in der Absicht der reinen bedingungslosen Liebe über dein Herz in alle gewünschten Dimensionen deines multidimensionalen Seins gelangen kannst. In deinem Herzen schwingend, wirst du die Wünsche der Kristalle wie auch aller anderen Wesen wahrnehmen können.

Bist du derzeit nicht in der Lage, von dir gewünschte Schwingungen zu halten oder zu erreichen, so erkenne einstweilen den Prozess, der dich diesem wahrhaftigen Seinszustand wieder unaufhaltsam näherbringt.

## Einstimmung auf deine inneren Kristallreisen

Die Kristalle laden dich in inneren Reisen dazu ein, ganz in die Energien der Mutterkristalle und die Urschöpfungsinformationen einzutauchen. Du kannst dich darin berühren lassen, dich selbst noch tiefer zu erfahren, während dein Herz sich weiter öffnet und dein Bewusstsein sich erhebt.

Wenn du einen passenden Kristall hast, kannst du ihn beim Lesen einer Kristallbotschaft in die Hand nehmen und so die Verbindung auch physisch spüren. Intensität und Wirkung einer Kristallreise werden davon kaum berührt. Ein beim Lesen mit einbezogener Kristall wird jedoch immer gleichzeitig mit seiner Mutterkristallenergie verbunden und erfährt damit eine Reinigung und Auffrischung seiner Energie, ohne seine Individualität aufzugeben.

### *Herz und Verstand*

Lies mit deinem Herzen! Der Verstand, der nur Vergangenes kennt, kann über ihn Hinausgehendes erst einmal nicht fassen. Es ist möglich, dass sich der Verstand zuweilen ganz und gar weigert, etwas anzuerkennen, was für ihn neu ist und das momentane Bewusstsein übersteigend wirkt. Jede Erweiterung, die er nicht in sich abbilden kann, mag ihm als ein totales Versagen oder gar Sterben erscheinen. Ein Sich-Einlassen mit dem Herzen, vorbehaltlos und ohne verstehen zu müssen, ermöglicht es deinem Verstand, im Einklang mit deinem Bewusstsein zu wachsen, ohne allzu große Widerstände aufzubauen. Im Erinnern der in den Kristallreisen gespeicherten Information wird ganz natürlich auch die Erweiterung deines Verstandes angeregt.

## *Das ICH-BIN-Bewusstsein*

Nach einer Einstimmung, welche dich noch einmal deinen Atem und deinen Körper spüren lässt, sind die Kristallreisen in der Ichform verfasst, so dass du dich während des Lesens leicht mit deiner mächtigen ICH-BIN-Gegenwart verbinden kannst. Die Botschaften der Kristalle berühren immer dein eigenes Bewusstsein wie gleichermaßen das Bewusstsein der Menschheit und Mutter Erde. Da du als ein Teil von *allem, was ist,* existierst, erlebst du im Grunde alles in der Ganzheit deines ursprünglichen ICH BIN. Auf der Ebene des Verstandes nimmst du von allem Erleben immer nur einen Bruchteil wahr, das als getrennt vom Ganzen erfahrene Ich. Heilung geschieht jedoch in der Ganzheit der Erfahrung. Heilung ist die Bewusstwerdung der Ganzheit, und Heilsein ist die vollkommene Erfahrung von Ganzheit. Ein Lesen im ICH-BIN-Bewusstsein eröffnet in dir Ebenen des Seins, während dein Verstand so lange ruhen darf, bis Verknüpfungen zu den bewussten Erfahrungen geschaffen und integriert sind.

## *Das Ego*

Jeder Mensch besitzt ein sogenanntes Ego, welches ihm ermöglicht, sich individuell in Raum und Zeit zu erfahren. Dein Ego ist zuweilen wichtig und wertvoll, es ist Teil deiner Erfahrung im Hier und Jetzt. Es ist der Gegenpol zum All-Sein. Das Ego ist eng mit dem Verstand verbunden, der nur bereits Erfahrenes anerkennt. Jede Bewusstseinserweiterung bringt eine Steigerung der Transparenz des Egos und stellt den Verstand vor die Herausforderung, in unbekannte Gefilde zu wachsen. Ein für deine Erfahrungen anerkanntes Ego bildet eine gute Grundlage für die freie Entfaltung des Bewusstseins in deiner Individualität. Es ist wichtig, das Ego in Anerkennung als das wahrzunehmen, was es momentan ist: ein Gefährt für individuelle Erfahrungen in Zeit und Raum.

Erleuchtung geschieht nicht durch Überwindung des Egos in Form von Ausschluss. Erleuchtung ist die Erfahrung, das Ego zu durchleuchten und damit transparent zu machen, um es am Ende des individuellen Weges sich der Einheit hingebend auflösen zu lassen. Diesen Zeitpunkt seiner Entwicklung erkennt jeder Mensch deutlich in sich selbst. Bis dahin möge das Ego freudvollen Erfahrungen zur Bewusstseinserweiterung dienlich sein.

## *Individuelle Nebenwirkungen*

Die Energien der Kristalle sind liebevoll, sanft und mächtig. Sie bewirken Heilung und Ganzwerdung, so, wie du es annimmst und brauchst. Meist wird eine ganzheitliche Heilung erst viel, viel später bewusst. Lässt du dich aus deinem Innern heraus führen, spürst du ohne zu »wissen« immer genau, was du momentan benötigst, wie viel du aufnehmen und erfahren kannst. Ein Kristall wird dich von sich aus niemals überfordern. Du darfst jedoch achtsam darin sein, wie lange und wie nah du stoffliche Kristalle intensiv nutzt und bei dir trägst. Ganz besonders feinfühlig erspüre, ob und wie lange du Kristalle auf Chakren auflegen magst. Erfühle immer deine eigene innere Stimmigkeit über dein Herz.

## *Zeitweise auftretende Müdigkeit*

Falls du während des Lesens einer Kristallreise müde wirst, so kann es sein, dass du in der Energie der Kristalle deine inneren Kanäle für eine Erweiterung deines Bewusstseins zunehmend weitest und befreist. Dies kann auch ein Entspannungsbedürfnis deines Körpers zur Folge haben. Jede ganzheitliche Heilwirkung kann zeitweise eine als Müdigkeit erfahrene körperliche Erholung auslösen.

Erlaube dir, dich derart zu entspannen und in neu erinnerte Tiefen deiner Selbst »abzutauchen«. Lass dich mit Hilfe der Kristallenergien immer vertrauensvoll so weit ein, wie es sich für dich gerade stimmig anfühlt. In allem, was du tust oder zu tun gedenkst, ist es wiederum gut, auf dein Herz zu hören, anstatt auf Uhren, Richtlinien oder Terminkalender. Mache dir immer dein eigenes Bild, sei liebevoll kritisch und öffne dich vertrauensvoll innerlich wachsend und in deinem eigenen Tempo allem, was dich zu deiner Entwicklung berührt.

Eine Kristallreise kann aus genannten Gründen im ganzen, mehrmals oder auch in einzelnen Abschnitten erfahren werden. Es mag sein, dass sich dir bei einem erneuten Eintauchen neue Informationen zeigen. Sei ganz natürlich im Fluss mit all den Impulsen aus deinem Innern. Jede Kristallbotschaft ist, im ICH-BIN-Bewusstsein gelesen, in der Lage, in dir Türen der Heilung deiner Selbst im Einklang mit deiner und der Natur von Mutter Erde zu öffnen.

Mit den geführten Meditationen zu diesem Buch, auf der CD »Herzöffnung«, welche über die Bezugsadresse siehe Anhang erhältlich ist, kannst du dich führen lassen, um mit den Kristallenergien ganz frei in alle Facetten deiner inneren Welten einzutauchen.

## *Erdung und Zentrierung*

Bei allen inneren Reisen ist es wichtig, gut geerdet und zentriert zu sein. Dafür gibt es verschiedene Möglichkeiten. In der Natur zu sein, besonders barfuß, wenn es dir möglich ist, bildet eine gute Grundlage, dich im eigenen Körper und auf der Erde gut verankert zu wissen und so mehr vor Einflüssen durch äußere Täuschungen geschützt zu sein. Je nach Veranlagung, Klima oder Wetterlage ist diese Form der Erdung jedoch nicht immer möglich.

Es ist wichtig, dich jedes Mal ganz bewusst zu zentrieren, bevor du in eine Bewusstseinserweiterung gehst, um im Anschluss freudig und kraftvoll im Hier und Jetzt zu sein. Erdung und Zentrierung dienen auch dazu, jede Bereicherung aus deinen inneren Reisen im Hier und Jetzt zu verankern und nutzbar zu machen. In den folgenden »Reisvorbereitungen« findest du Anregungen für eine kurze wie auch für eine intensive Form innerer Anbindung zur Erdung und Zentrierung. Nimm dir jeweils immer so viel Zeit und Raum, wie du von deinem Gefühl her für deine Erdung und Zentrierung benötigst.

## *Reisevorbereitungen*

Zu Beginn einer jeden Kristallreise oder inneren Reise ist es gut für dich, es dir erst einmal richtig gemütlich zu machen, einen guten Raum oder auch einen Platz in der Natur zu suchen sowie eine für dich bequeme, jedoch gerade ausgerichtete Haltung einzunehmen, die deine bewusste Wahrnehmung fördert und dich nicht vor lauter Entspannung einschlafen lässt.

Je nach Vorliebe kannst du während des inneren Reisens eine angenehme und passende Musik leise im Hintergrund spielen lassen. Empfehlenswert zu den Kristallreisen in diesem Buch sind insbesondere Klänge, die dein Herz berühren und dir ein Gefühl von Liebe und Geborgenheit vermitteln. Nun, vielleicht fördern Klänge deine Reise, vielleicht sind es auch Naturgeräusche oder die Stille. Lass dich auch hier aus deinem Inneren heraus führen.

## Kurze Erdungs- und Zentrierungs-Meditation

Dich gut zu erden, kann einfach und schnell geschehen. Wenn du es gewohnt bist, schnell und sicher in deinen inneren Welten unterwegs zu sein, kannst du folgendermaßen vorgehen:

Setze dich gerade hin und atme bewusst ein und aus.

Spüre deinen ganzen Körper und die unmittelbare Umgebung bewusst.

Fühle den Boden unter deinen Füßen oder den Platz, auf dem du sitzt, und nimm wahr, wie du auf der Erde fest verankert bist. Vielleicht lässt du Lichtbahnen aus deinen Füßen oder deinem Basischakra in die Erde wachsen oder auch kräftige braune Wurzeln.

Spüre noch einmal ganz bewusst deinen Körper und fühle dabei, wie *ES* dich atmet.

Konzentriere dich nun auf dein Herz und nimm dich in deiner Mitte wahr. Lasse dabei alle Gedanken fortziehen, vielleicht wie Wolken am Himmel oder Herbstblätter in einem fließenden Gewässer.

Werde vollkommen frei und komme ganz in deinem Herzen an, um dich auf deine innere Reise einzulassen.

## Intensive Erdungs- und Zentrierungs-Meditation

Anmerkung: In der folgenden Meditation wird die Quelle allen Seins bildlich auch als Stern im Kosmos betrachtet. Die Quelle ist natürlich nicht außerhalb von dir, sie ist in dir selbst und im All zugleich. Sich die Quelle gleichermaßen als Stern im Kosmos, als Licht im eigenen

Herzen sowie pulsierend im Herzen der Erde vorzustellen, dient als ein Hilfsmittel für unsere begrenzte Vorstellung, uns über die Beschränkungen des Verstandes hinaus verbunden und eins zu fühlen.

Folgendermaßen kannst du dich gründlich geerdet und angebunden auf eine innere Reise begeben oder auch einfach so meditieren, um dich gut zu zentrieren:

- Setze oder lege dich bequem hin. Konzentriere dich darauf, deinen Körper und deinen Atem zu spüren. Nimm wahr, dass deine Füße fest auf dem Boden ruhen. Spüre im Sitzen die Unterlage unter deinem Gesäß, im Liegen unter deinem ganzen Körper. Atme ruhig und fühle jeden Aspekt deines Körpers der Reihe nach und bewusst. Nun konzentriere dich auf dein Herz. Du kannst beide Hände vor deinem Brustkorb wie zum Gebet aneinanderlegen oder deine Hände auf die Mitte deiner Brust legen, um dich leichter zu zentrieren.
- Horche in dich hinein, wie es sich anfühlt, warm oder kühl, eng oder weit... Sage dir: »Ich liebe mich, so wie ich bin!« Wenn sich kein angenehmes Gefühl einstellen mag, so wiederhole den Satz, bis sich das Empfinden in deinem Herzen bessert und es sich gut für dich anfühlt, ganz bei dir zu sein...
- Nimm nun dein Herz als Licht, Wärme oder leuchtenden Puls in deiner Mitte wahr. Stelle dir vor, wie aus deinem Herzen ein feiner, doch starker Lichtstrahl entlang deiner Wirbelsäule nach unten durch deinen Körper wandert. Sieh, wie der Lichtstrahl am Damm heraustritt und in den Boden fließt.
- Stelle dir weiter vor, wie dein Lichtstrahl immer tiefer senkrecht in die Erde hineinfließt, vorbei an kräftigen Wurzeln starker Bäume. Vielleicht schlingen sich seitliche Ausläufer deines Lichtbandes um starke Wurzeln, verankern dich so und geben dir in der Erde zusätzlichen Halt. Lass das goldene Lichtband aus deiner Mitte noch tiefer in die Erde hineinfließen, vorbei vielleicht an Wasseradern, Hohlräumen, Glut und Eis, Mineralien, Erzen, Gestein... bis hin zum hell leuchtenden Zentrum im Mittelpunkt der Erde.
- Sieh, wie dein Lichtstrahl nun mit dem Herzen von Mutter Erde verschmilzt. Bade eine Weile im wärmenden Licht des Herzens der

Mutter. Fühle ihre bedingungslose Liebe und deine Verankerung in ihr. Bleibe so lange, wie du magst...

- Gehe dann mit deiner Aufmerksamkeit wieder dein Lichtband entlang nach oben, zurück bis zu deinem Herzen. Nimm hier nun wahr, wie du fest mit Mutter Erde verbunden bist.
- Nun stelle dir vor, wie aus deinem Herzlicht ein feiner, doch starker Lichtstrahl nach oben wandert, wie er entlang deiner Wirbelsäule durch Brust, Hals und Kopf nach oben fließt, zum Scheitel hinaustritt und in den Kosmos strahlt.
- Stelle dir weiter vor, wie sich über dir ein über alles hell strahlender Stern zeigt, die Quelle allen Seins. Dein Lichtstrahl fließt mit deiner gesamten Aufmerksamkeit in die Quelle hinein und verschmilzt mit ihr. Bade im Licht deiner Essenz und fühle dich auch hier vollkommen verbunden...
- Fließe nun mit deiner ganzen Aufmerksamkeit in deinem Lichtstrahl zurück in dein Herz. Nimm dein hell strahlendes Herzlicht wahr und fühle deine vollkommene Verbindung zu allem...
- Nimm bewusst wahr, wie aus dem Herzen der Erde und gleichzeitig aus dem Herzen des Alls Energie zu deinem Herzen und gleichzeitig von deinem Herzen nach unten und nach oben fließt. Fühle den Kreislauf dieser ewig lebendigen Lichtverbindung. Spüre vor allem, wie unendlich die Energie ist, die in dir und zu dir strömt und dein Herzlicht von innen heraus nährt.
- Dehne nun das Licht in deinem Herzen so weit aus, wie du magst und es im Augenblick ganz leicht geht. Spüre die unendliche Fülle an Licht und strahle es, so weit es jetzt möglich ist, in deinen ganzen Körper und darüber hinaus in dein Sein. Erleuchte alles in dir und um dich her, so weit du magst, und fühle, wie grenzenlos der Zustrom an Licht aus deinem Herzen ist, das sich wie ein überquellender Brunnen reinen Lichtes bedingungslos verströmt.
- Du kannst aus deinem Herzen heraus dich selbst und darüber hinaus die ganze Erde mit deinem Licht erfüllen und umarmen.

Leuchte einfach so lange und so weit, wie es sich momentan ganz leicht und gut anfühlt...

- Nun kehre mit deiner Aufmerksamkeit wieder in die Mitte deines Herzens zurück. Erinnere dich an das Hier und Jetzt oder auch an die innere Reise, die du jetzt antreten möchtest.

**Am Ende einer jeden inneren Reise...**

... komme wieder ganz bei dir an. Spüre deinen Atem, wie er von ganz allein ein- und ausströmt. Fühle wieder den Boden unter deinen Füßen und nimm deinen ganzen Körper nach und nach bewusst wahr:

- Spüre deinen Brustkorb, wie er sich mit der Strömung deines Atems hebt und senkt. Spüre deinen ganzen Rumpf, dein Gesäß, deine Beine und deine Füße mit den Zehen daran. Bewege langsam deine Zehen und kreise ein wenig mit deinen Füßen, bewege deine Beine. Fühle noch einmal deinen Brustkorb, wie er sich mit dem Atemrhythmus hebt und senkt. Spüre deine Schultern, deine Arme, deine Hände und Finger. Bewege deine Finger und dann kreise leicht deine Hände oder schüttle sie aus. Bewege Arme und Schultern und spüre deinen Hals, deinen Nacken, deinen Kopf und ganz besonders dein Gesicht. Kreise deinen Kopf ein wenig und bewege Hals und Schultern. Recke und strecke dich und begrüße deinen Körper ganz neu, erfreue dich deiner Beweglichkeit und Vitalität.
- Segne deinen Körper und sage ihm etwas Schönes, wie:
  »Danke, dass du meiner Seele Heim bist« oder
  »Du bist vollkommen, mein geliebter Körper!« Du heilst ihn damit.
  Sage nun zu dir: »Ich bin vollkommen präsent im Hier und Jetzt!«

Und nun fühle dich herzlich eingeladen, ganz intensiv in das Licht des Rosenquarzes einzutauchen. Diese erste Kristallreise ist vergleichsweise lang, jedoch ist der Rosenquarz ein so sanfter Kristall, dass es dir leichtfallen wird, länger in seiner Energie zu verweilen.

# Rosenquarz

*Empfangen in Begleitung der Energien von Metatron, Erzengel Chamuel und den Engeln und Meistern des rosa Initiationsstrahls sowie Jesus Christus*

Fühle in dein Herz und nimm dabei wahr,
wie dein Atem sanft und ganz von selbst ein- und ausströmt…

Lass dich atmen!

Fühle deinen Körper ganz bewusst in allen seinen Anteilen…

Während der Atem des Lebens unaufhörlich ein- und ausfließt,
fühle mehr und mehr in dein Herz
und lass dich mit jedem Atemzug tiefer auf dein Herz ein.

Ein feines und doch klares Licht in zartem Rosé
steigt währenddessen aus der Erde auf und
füllt sanft den kompletten Raum um dich her.
Es durchströmt dich auch innerlich und hüllt dich liebevoll ein…

Lass dich vollkommen einsinken in die Tiefe deines Herzens
und fühle dich im Licht des Rosenquarzes
vollständig in deinem

ICH BIN:

Während ich mich tiefer und tiefer in mein eigenes Herz hineinsinken lasse, verliert sich alles Gespür für Raum und Zeit wie ein Nebel, welcher den wärmenden Strahlen der aufgehenden Sonne weicht.

Das Gefühl in mir verlagert sich in mein Zentrum in der Mitte meiner Brust, derweil die Wahrnehmung für den Körper und die Gedanken sich allmählich verliert...

Immer leuchtender und dabei immer angenehmer wärmend erstrahlt auch das zartrosafarbene Licht um mich her, das sich zusehends verdichtet. Das Licht des Rosenquarzes hüllt mich liebevoll ein, während ich immer tiefer einsinke in die Wärme meines eigenen Herzens...

Ich nehme mich wahr als ein rein und hell erstrahlendes Licht inmitten eines unendlichen, in zartem Rosé leuchtenden, sanft wogenden Meeres reiner bedingungsloser Liebe...

Ich fühle, ich bin selbst das Licht im Zentrum allen Seins, das wie ein riesiger Mutterkuchen in zartem Rosé in alle Richtungen Lichtadern der Liebe aussendet. Ich bestehe nur aus reiner bedingungsloser Liebe. Ich bin eingebettet in ein Meer aus Zärtlichkeit und Liebe, unendlich und ewig. Ich fließe dahin in allen Zeiten und Räumen, vollkommen losgelöst von allem. Ich existiere gleichsam innerhalb und wie auch außerhalb von Raum und Zeit. Ich bin überall.

Ich fühle reine Liebe, welche durch meine Adern fließend von meinem Herzen aus die Unendlichkeit erfüllt und dabei jede Zelle allen Seins erfüllt. Meine Liebe ist endlos und frei und grenzenlos meine Ausdehnung. Und als eine mächtige Einheit puren Lichtes fülle ich aus das All.

Im Ursprung bin ich reines Licht!

Mein Herz fühlt sich wunderbar warm an, und es pulsiert endlos und in vollkommenem Einklang mit allem, was mich ausfüllt und umgibt. Mein Herz ist das Zentrum des Alls. Nichts ist größer, beeindruckender, liebevoller als mein eigenes Herz in seiner tiefsten Essenz. Ich fühle, wie ich liebe!

Im Ursprung bin ich reine Liebe!

Frei von jeglichem Sehnen: ICH BIN. Ich bin eins mit allem. Ich bin frei, grenzenlos und rein, makellos und vollkommen unschuldig in mir und gleichsam überall. Ich bin die reine Liebe, die fließt und aus sich selbst heraus vergibt. Nichts kann sich diesem stetigen Fluss entgegenstellen, nichts diesem Quell an Wohlklang widerstehen.

ICH BIN! Reine Liebe! ICH BIN!

Ich spüre tief in mir: Gesegnet ist das Licht, das ICH BIN! Nichts kann jemals misslingen, indem ich erstrahle im reinem Licht der Liebe. Ich bin selbst die Liebe, die mich vollkommen durchströmt und die mir ewig aufs Neue vergibt. Ich bin selbst das Licht, das mir erleuchtet den eigenen Weg.

ICH BIN!

Da tauchen aus der Unendlichkeit des rosafarbenen Lichtes vor mir sanft, zuerst undeutlich und dann immer klarer, Bilder auf. Sie zeigen Gesichter, Geschehnisse und auch Sequenzen von Ereignissen, welche mir teilweise bekannt erscheinen, teilweise auch nicht. Bei allem, was sich mir zeigt, nehme ich jedoch in mir eine Resonanz wahr, mitunter stark und manchmal auch nur ganz fein.

Ich schaue mir aus meinem Herzen heraus in diesem Moment der Liebe wertfrei alle diese Bilder an. Ich lasse sie erscheinen, und ich lasse sie auch wieder ziehen, fortfließen, dahingehen. Ich spüre: Alle Bewertungen, die je auftauchten, möchte und kann ich im Moment der Liebe meines Herzens nicht halten. Und mit jedem Bild fließen Bewertungen und Urteile einfach fort und lösen sich mit den Bildern auf. Ich lasse alles los…

Ich fühle, ich bin Unendlichkeit, während ich einfach so betrachte! Was sich mir je zeigt, so nehme ich wahr, sind Erinnerungen, die in mir noch nicht in Frieden sind. Es sind Erinnerungen, die schmerzhaft bekannt oder auch unbewusst oder verdrängt sein können. Doch ich nehme gleichsam wahr, wie das Licht der Liebe, das unendlich aus mir strömt, all diese Bilder vollständig und schmerzfrei aufzunehmen in der Lage ist. Ich erlebe, wie die reine bedingungslose Liebe all die Bilder und Sequenzen ganz einfach sanft umhüllt. In der unermesslichen Kraft der Vergebung löst sich augenblicklich alles in funkensprühenden Lichtspiralen auf. Ein Bild nach dem anderen geht leuchtend auf in Liebe. Verletzungen werden geheilt.

So lasse ich meinen Blick aus meinem Innern heraus führen und betrachte nach und nach Erinnerung für Erinnerung. Ich schaue mir frei von Urteil ein Bild nach dem anderen an. Während alles, was ich auf diese Weise liebevoll zu betrachten in der Lage bin, sich in freudigem Farbenspiel aufzulösen beginnt, nehme ich in mir gleichzeitig deutlich bekannte und wohl auch verdrängte Gefühle wahr. All die auftauchenden Gefühle möchten sich mir kraftvoll zeigen, und so spüre ich ihnen nach...

Ich fühle Trauer und Schmerz wie auch Sehnsucht und Liebe. Ich fühle Glück, Angst und Zorn wie auch Ohnmacht und Wut. Alle möglichen Gefühle in mannigfaltigen Schattierungen durchströmen mich unablässig, während die Liebe mich stabilisierend durchflutet. Ich spüre all die Gefühle, indem ich sie einfach da sein lasse. Und ich nehme wahr, dass sie mir rein gar nichts antun können. Die Gefühle fließen wie Wellen eines gewaltigen Meeres durch mich hindurch. Und in meinem Ozean aus rosafarbenem Licht ist Raum für alles, was es je gab und je gibt.

Wellen bewegen mich, doch verändern können sie mich nicht in meiner ureigenen Essenz. Ich spüre, all die Wogen der auftauchenden Gefühle möchten rein wahrgenommen werden. Und ich fühle! Ich fühle alle meine Gefühle intensiv. Und ich erfahre einen nie gekannten Reichtum in mir...

Da spüre ich ein starkes Verlangen, meinem Selbst noch weiter auf den Grund zu gehen. So tauche ich ganz tief, ausgiebig und bewusst der Reihe nach in alle auftauchenden Gefühlsebenen ein, wie sie sich mir offenbaren:

Ich fühle zuerst in mir ein Erzittern von Angst. Unscheinbar und leise bebend macht diese Angst sich erst langsam, dann immer schneller und unaufhörlich in mir breit. Je mehr Raum die Angst in mir einnimmt, desto stärker beginnt sie mich zu kühlen und zu lähmen.

In meinem Gewahrsein ahne ich, dass die Angst eine kraftvolle Energie ist, die mir als solche wertvoll und zum Ganzen dazugehörig erscheint. Ganz bewusst tauche ich also tief und hingebungsvoll in das Gefühl der Angst ein, sie im Ganzen zu erfahren...

Ein Zittern durchläuft das All, das ICH BIN. Meine inneren Farben kühlen ab, und aus warmem Rosé wird ein kühles Blau. Ich lasse mich ergebend fallen in die Tiefen aller aus dem Urgrund aufsteigenden Angst. Eine lähmungsartige Starre nimmt mich zunehmend ein, in einer fürchterlichen Ohnmacht aus grauenvoller Angst gefangen zu sein. Panik jagt in heißen Wellen durch mich hindurch, derweil eiskalte Furcht mich packt und zu Eis erstarren lässt...

Während ich weiterhin beobachte, wie eine neue Angst, die Angst vor der eigentlichen Angst geboren wird, um sich selbst darin zu schützen, ergebe ich mich schauend und wertfrei dem Schauspiel...

Da ich einfach nur da bin und beobachte, was sich zeigt, bleibe ich frei und gebe der sich aufblähenden Energie ihren Raum, den sie braucht. Ich nehme nur wahr.

Und nachdem die Angst ihre größte Ausdehnung erreicht, spüre ich wieder das Licht der reinen bedingungslosen Liebe in mir strömend, alles umhüllend und durchflutend. Die Liebe hüllt gleichsam mich und die Bilder der Angst warm ein. Die Kälte flaut ab, die Wellen verebben und Ruhe kehrt ein. Die Angst geht in der Liebe auf. Ich fühle. ICH BIN! Ich bin im Ursprung reine Liebe!

Ich nehme sodann ein Aufbäumen von Wut in mir wahr. Ich spüre in mir aufzuckend, gleißenden Blitzen gleich, starke Energien von einfacher Ablehnung bis hin zu abgrundtiefem Hass aufsteigen. Unheimlich und grell aufblitzend, von markerschütternden Donnern begleitet, scheint es mich innerlich in Stücke zu reißen. Hässlichen Fratzen gleich, treiben losgelöste Anteile meiner selbst ziellos durch das All, sich aneinander wieder und wieder entzündend. In jeder Begegnung erneut heftigsten Hass entladend, wabern unzählige trübe und unförmige Fetzen stärkster Energien, die gegensätzlicher kaum sein könnten, aufeinander zu und nach jedem entladenden Aufprall wieder voneinander fort. Jedes Aufeinandertreffen birgt Schmerz, wie auch jede darauf folgende Trennung. Scheinbar sinnlos, und doch angetrieben von unendlich starken, überquellenden Kräften, ziehen Blitz und Donner endlos in mir ihre zerstörerisch wirkenden Bahnen. Die unbändige Kraft, die sich jäh entlädt, richtet sich scheinbar ziellos nach innen wie nach außen.

Lediglich beobachtend zieht es meinen Blick bald direkt in die Quelle dieser gewaltigen Urkraft hinein. Und während ich die entfesselte Naturgewalt in deren Mitte anerkennend betrachte, lasse ich Blitze und Donner einfach geschehen, so dass aller Schmerz jeglichen Urteils sich endlich lösen kann…

Und in der Tiefe meiner selbst zeigt sich nun wieder leise keimend, dann stetig zunehmend die alles speisende, immerwährende Liebe. Am dunkelsten Grund der Zerstörung, als ich bereit bin, zu sehen, zeigt sich aus neuem Keim erblühend die hinter allem liegende ursprüngliche Kraft. Die Liebe, die alles umgibt, aufnimmt und stets in sich zu wandeln bereit ist, zeigt sich neu und nun stärker als je zuvor.

So lasse ich hier und jetzt jeden einzelnen Fetzen Gewalt in mir los, halte nicht länger daran fest, im Recht oder Unrecht zu sein. Und das Meer der Liebe hüllt alles ein…

In mir erstrahlt nun unweigerlich wieder das eine Licht unendlicher Bedingungslosigkeit. Indem alle einst splitternden Scherben losgelöster Fragmente meiner Selbst und auch die schneidenden Blitze sich in rosafarbenen Lichtfontänen auflösen, gibt sich alles, was da ist, unter meinem verzeihenden Blick dem Meer der Liebe hin. Und ich nehme behutsam wogend alles in mich auf, mir der innersten, alles aufnehmenden und immer vergebenden Liebe bewusst. In mir selbst ist alles in Liebe geeint! Zart rosafarbenes Licht hüllt mich und mein All nun wieder vollständig ein…

Nun tauche ich ein weiteres Mal tief in meine unerschöpfliche Gefühlswelt ein. Alles erscheint jetzt dunkel und schwer und beinahe undurchdringlich trübe. Ein endlos erscheinendes Meer grenzenloser Traurigkeit lässt seine schwerwiegenden und finsteren Wogen über mir zusammenbrechen. Während ich tiefer und tiefer einsinke in Schwermut und Traurigkeit, hören am Ende alle Farben auf zu sein. Jegliches Lächeln in mir und die Freude am Sein scheinen für immer im Keim erstarrt. Und ich schwebe dahin, ohne einen Wunsch und ohne einen Gedanken. Ich falle tiefer und tiefer, bis es tiefer nicht mehr geht, und ich lasse mich gänzlich treiben…

Ich weiß nicht, wie lange ich so dahintrieb in den Wellen der Traurigkeit, da lasse ich am Ende aufgebend alles in mir los…

Und es entspringt ein Licht in mir und erhellt nach und nach, zart erblühend das All um mich her. Die Dunkelheit in ihrer schwärzesten Stunde löste sich im Loslassen auf…

Ich bin nun frei und strahlend wie ein wolkenfreier Himmel, nachdem die Sonne am Morgen alle Nebel durchstrahlt. Etwas Bekanntes und doch zart Neu-Erwachendes erwächst aus der Tiefe meiner selbst empor. Ich fühle ein Bild in mir aufsteigen, welches in Freude alle Farben des Lebens in sich vereint und meinen tiefsten Herzenswunsch offenbart. Dieses Bild ist ein starkes Gefühl, ein sehr tiefes, wahrhaft erklingendes, unendlich starkes Gefühl der Freude, mich im Leben zu erfüllen. Ich ahne, ich fühle meine Essenz und den Sinn meines Daseins, so klar ich es heute vermag.

Liebe durchströmt mich bis in jede Zelle meines Seins, und das Glück erklingt aus mir ganz leicht, einem himmlischen Orchester gleich, alle Klänge göttlicher Harmonie in sich vereinend. Ich fließe in meinem inneren Meer der Liebe dahin und lasse mich zugleich darin fallen. Keine Tiefe macht mir mehr Angst. Alles darf sein.

Ich selbst bin die Liebe und die Vergebung.
Alle Gefühle machen mich reich.
ICH selbst BIN in mir und in allem EINS!

## Reine bedingungslose Liebe

Rosenquarz berührt ganz besonders dein Herz. Im Licht des Rosenquarzes erinnerst du dich der reinen Nächstenliebe, die zum Einheitsbewusstsein führt. Dieses hohe Bewusstsein der Einheit, welches ewig in deinem Herzen lebt und einen jeden anderen Menschen an seinem Herzen erkennt, ist in unserem Kulturkreis als das Christusbewusstsein bekannt, welches weltweit verschiedene Namen kennt und unabhängig von jeder Religion als höchstes Ziel des Menschen existiert.

Nächstenliebe beginnt bei dir selbst. In deinem Herzen wohnt nicht nur die Fähigkeit, andere Menschen und Wesen zu lieben, sondern auch dich selbst anzunehmen, so wie du wirklich bist. Dich mit all deinen vermeintlichen Fehlern, mit all deinen Erfahrungen und all deinen Gefühlen zu lieben, ist oft das Schwerste überhaupt. Doch sich selbst lieben zu können, bildet erst die Grundlage, anderen Menschen wahrhaft Liebe entgegenbringen zu können, eine Liebe frei von allen nur möglichen Bedingungen.

Liebe deinen Nächsten wie dich selbst. Es bedeutet, dich so lieben zu können, wie den Menschen, der gerade vor dir steht. Du wirst erfahren, dass die Liebe und Vergebung, welche du anderen schenkst, in erster Linie dich selbst betreffen. Einen anderen Menschen nicht in Liebe annehmen zu können, sondern ihm Urteile, Bewertung oder Ablehnung entgegenzubringen, offenbart in erster Linie einen Unfrieden in dir selbst, der gelöst werden möchte. Auch einem anderen mit Hörigkeit oder Anbetung zu begegnen, welche ihn für dich höher, besser oder liebenswerter erscheinen lassen, birgt im Grunde ein Urteil gegen dich selbst.

Es ist wichtig zu erkennen, dass Liebe bei dir selbst beginnt und nur bedingungslos zu anderen strömt, wenn du bereit bist, dich auch selbst zu lieben, wie du gerade bist. Sage dir selbst so oft du kannst: »Ich liebe mich!« und sage auch deinem Spiegelbild: »Ich liebe dich!« Es geht nicht um diese oder jene Eigenschaften, die du lieben solltest oder bei denen du dich gar mit anderen Menschen vergleichst. Es geht für dich vor allem darum, dich in eine Urteilsfreiheit zu begeben, selbst bedingungslos zu werden, um wahrhaft lieben zu können.

Liebe dich selbst! Deiner Liebesfähigkeit dir selbst gegenüber entspringt eine große Macht. Es ist die Macht, jede nur erdenkliche Verletzung zu heilen und den Frieden aus dir heraus in die Welt zu bringen. Jesus offenbarte durch sich den Christus, als er diese Liebe bedingungslos durch sich selbst in die Welt strömen ließ.

Das Licht des Rosenquarzes hat die Kraft, uns dieser Macht der reinen bedingungslosen Liebe in uns zu erinnern. Die reine bedingungslose Liebe fließt in uns, wenn wir erkennen, dass der andere auch ein Abbild unserer selbst ist und ein Teil der Ganzheit, die wir in uns selbst wieder zu erlangen und zu heilen suchen.

Es geht niemals darum, gewaltsame oder verletzende Handlungen eines Menschen zu verharmlosen, wegzudrücken oder zu übergehen. Dennoch: Einen anderen Menschen urteilsfrei anzuerkennen, und selbst Heilung durch Liebe und Vergebung zu erfahren, ist der Weg der Ganzheit, welcher nichts und niemanden ausschließt. Die wahre Liebe meistert alles in Annahme und Vergebung, um es der Heilung zuzuführen, letztendlich in uns selbst.

Liebe, die uns von außen entgegengebracht wird, erfreut uns normalerweise sehr und schenkt uns auch zeitweise ein Mehr an Energie. Doch lieben wir uns nicht auch selbst, so wollen oder brauchen wir davon immer mehr. Es bedarf beständiger Bestätigung, dass wir die Liebe verdient haben, wenn wir sie nicht in uns selbst tragen. Es ist auch möglich, dass wir die uns von anderen entgegengebrachte Liebe gar nicht erkennen oder annehmen können, weil wir aufgrund vergangener Erfahrungen gelernt haben, dass Liebe an Bedingungen geknüpft ist.

Der Rosenquarz schenkt uns seine Energie, um uns zu erinnern, was bedingungslose Liebe bedeutet, und dass sie immer in einem jeden von uns beginnt. Sein Licht erlaubt, den liebevollen Blick der Vergebung auf uns selbst zu richten und alles zu erlösen, was unserem Wunsch, unsere Liebe einfach fließen zu lassen, derzeit entgegenwirkt. Wahres Glück und dauerhaften Frieden erfahren wir nur mit einem liebenden Herzen. Nur wer auch sich selbst in seine Liebe mit einschließt, dem gelingt es, wahrhaft liebevoll zu sein.

### *Das Herz*

Liebe entspringt dem Herzen. So ist es in erster Linie das Herz, welches im Licht des Rosenquarzes Heilung erfährt.

Herzschmerz, Kraftlosigkeit, tiefsitzende Trauer und fehlende Energie sind vordergründig Themen, bei denen der Rosenquarz mit seinem Licht Ganzwerdung anregt. Jeder Herzschmerz und auch jede manifeste Herzerkrankung haben im weitesten Sinne etwas mit der Liebe zu tun, die hier nicht frei fließen kann. Dabei gibt es Seinsebenen der Entwicklung und kein Maß. Herzbeschwerden sind Ausdruck der zu meisternden Aufgabe, die Liebe fließen zu lassen. Ob ein Herz nur zu einem oder schon zu neunundneunzig Prozent offen ist, jede weitere zu meisternde Öffnung kann sich in Herzbeschwerden zeigen.

### *Gemüt und Haut, Harmonie und Schutz*

Über das Herz hinaus berührt die heilsame Energie des Rosenquarzes auch das Gemüt und die Haut und somit die gesamte Ausstrahlung eines Menschen. Kommt die Liebe des Herzens in Fluss, bewirkt sie im Menschen eine Auffrischung seiner gesamten Erscheinung.

Neben der Heilwirkung auf das Gemüt, das Herz und die Haut kann Rosenquarz auch zum sogenannten Schutz vor zu vielen Eindrücken von außen, die in der Fülle zu einer Belastung werden, eingesetzt werden. Da sein Licht die Liebesfähigkeit zu sich selbst fördert, hilft Rosenquarz bei der Wahrnehmung des eigenen Selbst und der Grenzen, er hilft, nein zu sagen und sich gut abgrenzen zu können. So wirkt Rosenquarz durchaus schützend, da abgrenzend gegenüber störenden Einflüssen wie allen disharmonischen Informationen oder Stimmungen. So wirkt das Licht des Rosenquarzes beispielsweise schützend am Computerarbeitsplatz und generell bei störenden elektromagnetischen Strahlungen wie auch bei Mobbing oder Streit.

Nicht nur Streit zu lindern, sondern auch zu vermeiden, kann Rosenquarz anregen, da seine Energie die eigene Wahrnehmung stärkt und Sanftmut und Mitgefühl fördert sowie die Bereitschaft, anzuerkennen und zu vergeben. Es kann sein, dass sich unter seiner Heilwirkung der Streit zuerst scheinbar verstärkt, da nun alles zur Sprache kommen darf, was zuvor aufgrund von Harmoniesucht unterdrückt wurde. Wahrer Frieden kann nur in echter Harmonie entstehen, wo alles Wesentliche zum Ausdruck kommt.

## *Hochsensibilität, Schlaf und Abgrenzung*

Babys und kleinen Kindern wie allen hochsensiblen und leicht zu beeindrucken Menschen kann die Energie des Rosenquarzes dazu verhelfen, sich leichter abzugrenzen sowie besser ein- und durchzuschlafen. Indem ein Mensch sich selbst mehr liebt und das, was er fühlt, auch ernst und wahr nimmt, kann er sich schneller wieder bei sich selbst einfinden, die Eindrücke loslassen und zentriert zur Ruhe kommen. Gut bei sich selbst und dadurch weniger verletzbar zu sein, ist der Schlüssel für ein gutes inneres Schutzgefühl, Ruhe und Frieden.

Rosenquarz bewirkt bei hochsensiblen Menschen, sich besser zu spüren und sich dabei energetisch abzugrenzen. Seine Energie ist so sanft, dass der Kristall, vor Verschlucken gesichert, schon Neugeborenen ins Nestchen gelegt werden kann. Zum Schutz kann das Einnähen in ein Stofftier oder das Anbringen an einem Mobile Sicherheit bieten.

## *Verschlossenheit, Härte und Schuldgefühle, Opfer und Täter*

Natürlich hilft das Licht des Rosenquarzes nicht nur bei zu hoher Sensibilität, sondern auch dann, wenn Menschen vollkommen verschlossen sind oder gar nichts mehr spüren. Gibt es verhärtete Themen, wo Menschen anderen nicht verzeihen können, so ist der Rosenquarz ein wunderbarer Helfer, das Herz wieder zu öffnen. Selbst wenn es momentan nicht möglich ist, auf den anderen zuzugehen: Die Vergebungsarbeit in sich selbst, die Rosenquarz anregt und liebevoll begleitet, bewirkt, dass der Mensch die mit der Verletzung eingeschlossenen Gefühle und damit auch die Liebe seines Herzens langsam wieder fließen lassen kann.

Dabei ist es gleich, ob der Betroffene sich als Opfer oder als Täter sieht. In einer Verletzung haben immer alle Beteiligte ein Thema mit einem verletzten Herzen und zurückgehaltener Liebe. Für eine Heilung möchten die Gefühle gelöst und das Herz geöffnet werden, so dass die Liebe wieder fließen kann.

Menschen, die einem anderen etwas angetan haben, was sie sich selbst nicht verzeihen können, oder die vielleicht auch gar nicht mehr spüren, dass sie sich schuldig fühlen, haben sehr oft selbst überaus tiefe Verletzungen erfahren. Gewalttaten sind nur dann möglich, wenn die eigene Liebe nicht spürbar ist. Oft erhalten sogenannte Täter erst mit ihrer Tat und eventuell auch mit der darauf folgenden Reue wieder Zugang zu ihren eingeschlossenen Gefühlen, weil sich das Herz erst dann schmerzvoll öffnet, wenn eigene Schuldgefühle spürbar werden. Diesen Menschen und auch jenen, die immer wieder dazu neigen, sich als Opfer zu sehen und zur Verfügung zu stellen, darf im Licht des Rosenquarzes Heilung widerfahren.

Indem ein Täter seine Schuldgefühle anerkennt, beginnt er die eigenen Verletzungen zu spüren. Das darauf folgende Freiwerden der zuvor gebundenen Gefühle verschafft ihm die Möglichkeit, sich selbst und allen anderen zu vergeben.

Ein Opfer kann sich im Licht des Rosenquarzes selbst wieder besser wahrnehmen und erkennen, wo es sich zur Verfügung gestellt hat. Zu spüren, wo die eigenen Schuldgefühle wurzeln sowie die Gefühle aller anzuerkennen, eröffnet neue Möglichkeiten, für sich selbst gesunde Entscheidungen zu treffen. Die eigenen Bedürfnisse zu spüren, hilft nein zu sagen, wenn es sein muss, und erspüren zu lernen, welche Begegnung sich als gut und vertrauenswürdig erweist.

Die Kristalle kennen keine Opfer- oder Täterschaft. Sie dienen allem gleichermaßen. Es ist für die Kristalle eins, wem sie vorrangig zu helfen scheinen. Ob eine Tat sich löst oder ein Opfer sich befreit, heilende Vergebung wirkt sich immer auf alle Beteiligten einer Tat aus, die nicht in Liebe geschah.

## *Wahre Liebe im Fluss*

Der Rosenquarz hilft mit seiner Energie bei sehr vielen Leiden. Nur einige sind hier genannt. Im Grunde kann das Licht des Rosenquarzes immer dann zur Heilung beitragen, wenn das Herz in irgendeiner Form der Liebe verschlossen ist oder Blockaden existieren, welche die Liebe hindern, frei zu fließen, sei es zum anderen oder zu sich selbst. Auch Menschen, die sich scheinbar voller Liebe und Aufopferung zu anderen verströmen, doch eher blind ohne Selbstliebe im Außen nach Liebe und Anerkennung suchen, erfahren im Licht des Rosenquarzes bedingungslose Heilung zur Selbstliebe.

Liebe schließt alles mit ein. In der Liebe »bin ich du« und »du bist ich«. Reine Liebe fließt von Herz zu Herz und lässt niemanden allein. In der Liebe fließend, wirst du zunehmend erkennen, dass der Mensch, der gerade vor dir steht, in diesem Moment der Wichtigste ist, um darin weiter zu erfahren: Der wichtigste Mensch in jedem Moment für dich bist auch du selbst, da nur in Liebe zu dir selbst du dem anderen wahrhaftig liebevoll begegnen kannst.

# Offenen Herzens Sein

Offenen Herzens zu sein und in Liebe und Mitgefühl für alle Wesen aufzugehen, das sind die besonderen Eigenschaften eines wahrhaftigen Menschen. Ein jeder Mensch ist kraft seines Ursprungs dazu fähig. Und ein jeder Mensch wünscht sich im tiefsten Innersten, dass er selbst und jeder andere sich so zeigt, wie es seinem Innersten entspricht.

Wenn du offenen Herzens bist, dann erfüllst du dich. Dein Herz zeigt dir zu deiner Erfüllung den Weg. Es kann sich frei und weit anfühlen und vor Freude, Liebe und Glück überfließen. Es kann sich auch verschließen, schmerzhaft zusammenziehen oder seltsame Sprünge machen. Wenn ein Herz aufhört zu schlagen, zieht sich die Seele aus diesem Körperdasein zurück, um sich in anderen Ebenen zu erfahren.

Offenen Herzens erlebst du Frieden im Geschehenlassen. So, wie du aus dir schöpfst und dem Fluss deiner Seele folgst, so zeigt sich dir dein Herz, so fühlst du dich. Daher ist es gut, auf dein Herz und die Zeichen deines Körpers zu achten.

Aus deinem Herzen heraus zu leben, bedeutet in Harmonie zu schwingen. Doch was liegt in deinem Herzen verborgen, um sich in Wohlsein und Glück zu offenbaren, und wie erkennst du, dass du offenen Herzens bist?

Das, was in deinem Herzen ruht, im Leben zu erfüllen, ist die Vision deines Herzens. Und das, was dir zeigt, ob du deinem Herzen folgst, ist dein Körper mit seinen Zeichen und dem Gefühl in seinem zentralen Organ, dem Herzen.

## Die Vision deines Herzens

Im Herzen eines jeden Menschen pulsiert ein Funke aus Licht, welcher die konzentrierte Energie des Wunsches der Seele, zur Erfüllung zu gelangen, in sich trägt. Dieser Seelenwunsch existiert unabhängig von Raum und Zeit und den Bedingungen der Erfüllung. Er ist so etwas wie ein Gesamtfahrplan des Lebens, den der Mensch im tiefsten Innersten für sich selbst und das große Ganze zu erfüllen wünscht. Dieser mit jeder deiner Entscheidungen dynamische Lebensplan kann dich durch viele physische Leben führen oder auch nur durch eines.

Die Tiefe der Erfüllung deines Selbst in deinem aktuellen Leben bestimmst immer du selbst. Auch wenn dein innerstes Sehnen der vollkommenen Offenbarung der einzigen Quelle und Wahrheit gilt, es kommt darauf an, wovon du dich im Leben leiten lässt und wofür du dich in jedem Moment entscheidest.

Das, was Menschen als Vision und Wegweiser in ihren Herzen und auch über Eingebungen und Wünsche wahrnehmen, kann sehr unterschiedlich sein. Der eine empfindet ganz einfache, leicht erfüllbare Herzenswünsche im Fluss des Lebens, der andere empfindet vielleicht eine große Tiefe, in deren Mitte die Sehnsucht keimt, mit allem in Frieden zu sein oder jeden Menschen annehmen zu können, wie er gerade ist.

Nicht nur der Gehalt, die Art oder die Intensität einer Herzvision ist ganz individuell, sondern auch die Art und Weise der Kontaktaufnahme und Erinnerung eines Menschen an seine tiefste Vision, welche die wahre Ursache seines Daseins bildet.

So kann der eine Mensch über tiefe Meditation und Spiritualität Zugang zu seinem innersten Sehnen erhalten, ein anderer durch liebevolles Handeln in einem jeden Augenblick und noch ein anderer durch dankbares Erfüllen der sich ihm nacheinander zeigenden »kleinen« Lebenswünsche. Es existieren viele Wege, doch nur ein Ziel.

Die tiefe Herzvision eines Menschen hat eine besondere Qualität, welche die Seele erfahren möchte. Die begleitenden Wunscherfüllungen in der materiellen Welt spielen dabei eine untergeordnete Rolle. Ziel der Seele ist es, ihren eigenen Reichtum im Ganzen zu erfahren. Und dieser Reichtum besteht im Grunde im vollkommenen Aufgehen der Liebe des Herzens durch die eigene Erfüllung. Damit verbunden ist das Erleben der Intensität der Gesamtheit aller Gefühle durch tiefes Mitgefühl und des Fließens von allem zum Ganzen.

Dein Reichtum der Gefühle drückt sich nicht darin aus, dass nur sogenannte bessere Gefühle gelebt werden, sondern in der Vielfalt deiner Gefühlswelt sowie der Kraft durch die Annahme aller Gefühlsströmungen, die je in dir zu spüren sind.

Dein Herz ist das Zentrum deiner Gefühlswelt. In deinem Herzen fühlst du mit Wohlsein, ob etwas eher wertvoll für deine Seele ist, oder mit Unstimmigkeit, wenn dies eher nicht der Fall ist. Dein Herz ist eine Art feingestimmtes Instrument, welches je nach der Aufmerksamkeit, die du ihm schenkst, sowohl grobe als auch ganz feine Schwingungen erfühlen kann, um dir über die Gefühle zu erkennen zu geben, welche Schwingungen für dich auf dem Weg deiner Erfüllung am stimmigsten sind.

Ein Herz kann schmerzen, sich zusammenziehen oder sich teilweise verschließen, sobald der Mensch etwas denkt oder tut, was seinem Innersten nicht entspricht. Und ein Herz kann sich weiten, leicht, warm und voller Freude sein, wenn der Mensch sich im Leben seinem innersten Ideal entsprechend verhält. Menschen, die sich bereits sehr weit geöffnet haben, spüren ihr Herz oft intensiver, vielleicht auch schmerzvoller, je weiter sie vorangeschritten sind. Es gibt kein Maß an Schmerz, welches Offenheit von Verschlossenheit unterscheidet. Alles ist in Entwicklung, und in ihr gibt es Stufen und Ebenen der Meisterung.

Dein Herz ist das zentrale Licht in deinem Leben, welches die Wegweiser ins Glück deines Lebens beleuchtet. Das Herzlicht erstrahlt mit jedem Schritt in der Erfüllung des innersten Seelenwunsches um so mehr. Wünsche, die nicht diesem innersten Seelenwunsch, deiner Herzensvision entsprechen und eher der Befriedigung von materiellem Streben dienen, bringen nur ein kurzes Glücksgefühl, wenn überhaupt. Glück erscheint nicht mit der Erfüllung eines Verlangens. Wahres Glück stellt sich dauerhaft nur ein, wenn du stetig deinen innersten Impulsen folgst und damit der Seele dienst, sich im Ganzen zu erfüllen.

Eine tiefe Seelenerfüllung mag ganz natürlich auch mit der Erfüllung materieller Wünsche verbunden sein. Wir leben in einer materiellen Welt. Doch wurzelt der Wunsch, welcher Vater des Gedankens zur Wunscherfüllung ist, immer in der tiefen Herzensvision, die niemals statisch, sondern ewig lebendig ist. Echte Freude und tiefes Glück beleuchten dir den Weg.

Je nachdem, wie weit du dein Innerstes erforscht hast, kann sich dir dein Herzenswunsch ganz klar spirituell offenbaren, zum Beispiel, die bedingungslose Liebe zu leben, Vergebung zu erfahren oder Frieden zu schaffen. Meist jedoch zeigt sich die Vision des Herzens über »kleinere« Ziele und auch über materiell erscheinende Wünsche. Eine Erfüllung geschieht oft gerade über die Anerkennung sogenannter »kleiner Schritte«. Du kannst etwa plötzlich die Idee haben, an einen bestimmten Ort zu ziehen, eine Reise anzutreten, jemandem zu begegnen, eine neue Arbeit oder Ausbildung zu beginnen oder etwas Schönes zu kaufen, was dein Herz in Betrachtung und Nutzung mit Freude erfüllt. Alles ist möglich.

Wenn der Impuls zu einer neuen Idee oder Veränderung aus deinem Innern kommt, kannst du ihn, wenn du deine Herzensvision noch nicht weit erspürt hast, oft nicht verstehen. Wenn du ihm trotzdem folgst, wirst du in der Stimmigkeit mit deinem Herzen erfahren, dass du gut im Fluss bist und alles zunächst leicht fließt. Du stellst sozusagen der innersten Erfüllung keine Widerstände in Form von Zweifeln entgegen oder dem Verlangen, alles verstehen zu müssen.

Aber auch, wenn sich dir deine Herzvision bereits klar offenbart, ist es wahrscheinlich, dass du die Schritte zu ihrer Erfüllung nicht zuordnen und begreifen kannst. Du kannst allein mit deinem Herzen spüren, ob du einen stimmigen Weg zur Erfüllung deiner Seele einschlägst. Das hochfeine Instrument in deiner Brust zeigt dir über den Reichtum und die Intensität deiner Gefühle um so klarer den Weg, je aufmerksamer du deinem Herzen zu lauschen in der Lage bist. Der Weg des Herzens entspringt dem Unbegreiflichen.

Ganz gleich, ob du deine Herzensvision zu kennen glaubst oder nur in Ansätzen erahnst, in dem Moment, wo sich in dir die Absicht formt, deinem Herzen zu folgen, beginnt der wahrhafte Pfad bewussten Lebens sich vor dir zu enthüllen. Die Offenbarung des inneren Weges wird dir jedoch nicht jeden deiner Schritte, die zu gehen sind, aufzeigen und auch nicht immer leicht machen. Du wirst jeden deiner Schritte neu erspüren lernen und nie wissen, wo du gerade stehst. Du musst Vertrauen aufbauen und Schritt für Schritt im Klang deines Herzens voranschreiten. Du weißt im Augenblick eines Schrittes oft nicht, wohin er führt; dein Treibstoff in die

Erfüllung deiner Seele besteht aus einem guten Gefühl, Stimmigkeit und Vertrauen. Die Kunst des Gehens auf dem Pfad der Seele besteht darin, auf dein Herz zu hören und deinen Verstand später nachkommen zu lassen, auch wenn du gern wissen würdest, warum du etwas tun musst, bevor du es tust.

Es kann sein, dass andere Menschen verunsichert sind oder sich daran stören, wenn du aus deinem Herzen heraus Entscheidungen triffst. Vielleicht werden sie dich für einfältig halten oder Erklärungen haben wollen, weil sie noch nicht bewusst auf dem Weg ihres Herzens angekommen sind. Solche Konfrontationen sind manchmal schwer zu ertragen und erfordern ein noch genaueres Spüren deines Innersten, um weiter vertrauensvoll voranzuschreiten.

Den Herzensweg zu gehen, erfordert vielleicht, dem anderen Menschen, der deinen Weg mit Zweifel und Kopfschütteln betrachtet, zu zeigen, dass es eine Herzensvision gibt, die dich zu den Ufern deiner eigenen Glückseligkeit führt, indem du einfach deinem inneren Pfad folgst. Der andere wird dich sehen. Möglicherweise wird er eine lange Zeit nur verständnislos zuschauen, vielleicht auch, schlimmer noch, dich von deinem Pfad abbringen wollen. Doch irgendwann, und möglicherweise erfährst du dies erst viel später im Leben oder gar nicht, kommt der Impuls bei ihm an. Mag er lange kopfschüttelnd betrachtet haben, wie du auf deinem unerklärlichen Weg solche Authentizität und damit innere Zufriedenheit erlangst, eines Tages fragt er tiefer nach, was ihn selbst leitet. Eines Tages wird er selbst wissen wollen, warum er dieses Leben lebt, was ihn antreibt und was ihn glücklich macht.

Eines Tages wird auch dieser Mensch sich auf seinen Weg begeben, das wahre Glück zu suchen und dabei sein Herz kennenlernen.

Vielleicht denkst du: Was sollte es für einen Sinn haben, anderen Menschen zu zeigen, dem Herzen zu folgen, wenn es nur darauf ankommt, dem eigenen Herzen zu folgen? Ja, es kommt für dich allein darauf an, deinem Herzen zu folgen. Aber es gibt noch einen viel tieferen Aspekt eines jeden menschlichen Daseins auf Erden, der sich mit jeder zu erfüllenden Herzvision offenbart.

Jeder Mensch ist wie ein ganz besonderer, farbenfroh leuchtender und wichtiger Faden im großen Webteppich des Lebens auf Mutter Erde. Jeder

Mensch kann sich je frei entscheiden, ob er den Impulsen der Seele folgt und der lichtdurchwirkte Webteppich sich erfüllt. Jeder Mensch kann sich zuweilen auch entscheiden, den Impulsen zur kurzfristigen Befriedigung niederer Bedürfnisse zu folgen. Du hast immer die freie Wahl. Doch richtig erfüllt wirst du auf Dauer nur sein – und das spürst du, wenn du den Weg des Herzens gehst –, wenn du dich von dem Geist erfüllen lässt, der einst aus deiner Seele ausgesandt wurde, um sich hier und jetzt zu erfahren.

Du bist nicht allein, doch allein für dich selbst wirst du dich erfüllen. Du hast dazu alle Zeit, die du brauchst. In deiner Erfüllung wirst du mehr und mehr das große Lichternetz der Menschheit spüren, in welchem du dich nicht nur für dich selbst, sondern auch für den anderen erfüllst. Alle Gaben, die deinem Innersten entspringen, sind hoch wertvoll für das Ganze. Deine Seele wünscht das Glück und höchste Wohl *aller*, daher sendet sie dich aus als einen Funken aus Licht, um in dir die Liebe zu erfüllen und an jedem Du, das dir begegnet. Du selbst bist die Veränderung, der es in der Welt bedarf, damit du glücklich bist, um auch anderen von deinem Glück zu geben. In dir selbst ist die Quelle. Und doch bist du nicht allein unterwegs. Indem du dich selbst erfüllst, *er-füllt* sich *alles.*

Alle Herzvisionen, die es je auf Erden gab und geben wird, gehören ein und derselben hohen Vision der Menschheit an. In einem jeden Menschen schlägt ein Herz, das im Ursprung die Essenz des Göttlichen enthält und zu reiner Liebe fähig ist. In einem jeden menschlichen Herzen lebt eine Vision, die dem *höchsten Wohle von allem* in Liebe und Einklang dienlich ist. Jeder Mensch, der sich erinnert und Zugang zu seinem innersten Sehnen findet, trägt in hohem Maße dazu bei, dass sich auch andere Menschen erinnern.

Entzweite Kräfte, die das Ego zu nutzen wissen, um dem Menschen weiszumachen, er wäre besser oder schlechter als ein anderer Mensch, bilden in der Erfahrung von Illusion und Trennung jeweils Gegenteile, die hier unvereinbar erscheinen, in der höheren Wahrheit jedoch eine Ganzheit bilden. Du bist weder besser als ein anderer Mensch, wenn du etwas leistest, was dich hervorhebt, noch bist du schlechter als ein anderer Mensch, wenn du dich geringer fühlst. Du bist genauso wertvoll und wichtig und unabdingbar zum Ganzen dazugehörig wie jeder andere Mensch auch. Es braucht dich und es braucht all die anderen, auf dass sich ein jeder von uns wahrhaft innerlich erfüllen kann.

Erfüllung bezieht alle und alles mit ein. Wahre Erfüllung betrifft die Gesamtheit aller Menschen. Niemand wäre am Ende einer Leiter zum Himmel glücklich, die er nun wissend erklommen hat, um dann allein zu sein. Wahres Glück empfinden wir erst dann, wenn wir wahrnehmen, dass alle Menschen das Ziel erreichen. Dann bedeutet es nichts mehr, wer zuerst oben war, da alle Handlungen, alles Wollen und Wünschen und jede Erfahrung zu einer Ganzheit führen, die weder einen Anfang noch ein Ende kennt.

Wenn du siehst, was um dich herum im Außen geschieht, bleibe innerlich in deinem Herzen. So wird dich weder etwas mitreißen noch dich erheben oder erniedrigen. In deinem Herzen bist du immer richtig. Hier leben Stabilität und Sicherheit, Liebe und Mitgefühl, Frieden und Glück. Hier allein kannst du fühlen, was stimmig ist und was nicht und ob es auf dem Weg zur Erfüllung deiner Seele liegt. Hier allein spürst du das tiefe Vertrauen, dass dein innerer Weg ein unabdingbarer Bestandteil des aufsteigenden Weges der Menschheit ist. Hier allein liegt deine Stärke, diesen Weg zu gehen. Du wärst wie ein Blinder, der im Dunkeln irrt, hättest du nicht das Licht und die sanfte innere Stimme im Herzen, die dich beständig führt, wo immer du bist.

Hörst du allein auf dein Herz, wirst du die Herzen aller berühren. Segnest du deinen Weg und deine Vision, führt es dich zum Herzen *Gottes*. Lebe deine Vision! Wie auch immer die Dunkelheit dich zuweilen zu täuschen vermag, in deinem Herzen brennt ewig ein Licht. Mit deinem Herzen wirst du sehen. An deinem Herzen bist du zu erkennen.

## Das menschliche Herz

Alles beginnt im eigenen Herzen. Dein Herz ist die Quelle deines ganzen Seins und auch das Zentrum deines physischen Körpers. Im Herzen spielen sich Vorgänge ab, die, rein physisch betrachtet, kaum oder nur vage zu erklären sind.

Im Energiesystem des Menschen bildet das Herz eine ganz zentrale Schaltstelle, von der aus Lebensimpulse in alle Richtungen gehen. Das Herz bildet die Zentrale für die energetischen Leitbahnen verschiedener Ebenen wie auch für das Blutadersystem. Das Herz ist *die* Zentrale überhaupt, wenn auch oft das Gehirn als die zentrale Schaltstelle betrachtet wird. Das Herz ist der Ursprung der Lebendigkeit und kann als Impulsgeber für das Leben in einem physischen Körper angesehen werden.

Das erste, was in einer Schwangerschaft als Zeichen neuen Lebens wahrzunehmen ist, ist ein schlagendes Herz. Das schlagende Herz ist der Ausdruck für den Puls des Lebens, der einem jeden lebendigen Wesen innewohnt.

Hört ein Herz auf zu schlagen, zieht sich das Leben aus dem physischen Körper zurück. Der Körper als Ausdruck der Seele auf der physischen Ebene zerfällt und geht zurück in die eine Substanz, aus der alles erschaffen ist.

Das, was das Herz zum Schlagen bringt, das, was als unser Lichtfunke Zeuge unseres *göttlichen* Ursprungs ist, lebt unaufhörlich und ewig in uns. Es ist die erste Ursache unserer Verkörperung und auch die Ursache unseres Rückzugs aus einer körperlichen Erscheinung. Es ist ewig lebendig, ewig pulsierend und in seiner Essenz reine Liebe.

Alle Herzerkrankungen und auch jeder Herztod gehen damit einher, dass Liebe in eine Form gepresst, im weiteren Fluss gehindert oder manipuliert werden soll. Die Liebe kann nicht erlöschen, verformt oder gelenkt werden, sie erscheint und fließt oder zieht sich zurück. Das menschliche Herz ist das Heim der Liebe im Leben eines Menschen. Das Herz des Menschen schlägt in seiner Essenz machtvoll und unendlich voller Freude und Glück zu Ehren des ewigen Lebens.

In der embryonalen Entwicklung formt sich das Herz zusammen mit dem Blut- und Lymphsystem, den Nieren, den Geschlechtsorganen sowie Skelett und Muskeln, Binde- und Stützgewebe aus dem mittleren Keimblatt. Das Herz erscheint uns selbst als Muskelgebilde, welches in vier Kammern unterteilt ist. Die vier Kammern symbolisieren die vier Dimensionen des Seins in Zeit und Raum unserer materiellen Welt und bewirken in ihrer Kombinationen die Funktionsübertragung des Lebens in die zeitlich und räumlich begrenzte Realität. Die Funktionen des Lebens zeigen sich im Herzen deutlich als duale Ausprägungen einer Einheit, so im Zusammenziehen und Auseinanderstreben, im Saugen und Pumpen wie im Nehmen und Geben.

Nachdem die Existenz der vier Herzkammern lange bekannt war, ergab sich in der Entwicklung der Menschheit die Ahnung von der Existenz einer fünften Herzkammer. Ähnlich, wie das Menschheitsbewusstsein, welche die Erde zuerst als Scheibe ansah, sich einst der Anerkennung der Kugelform öffnete, haben wir heute ein Bewusstsein, welches fünf Herzkammern erkennt.

Die Erkenntnis der fünften Herzkammer kommt der Öffnung für die fünfte Dimension des menschlichen Seins gleich und schafft neue Räume der Wahrnehmung des Selbst im Gesamtgefüge des ewigen Lebens. Drei Dimensionen eröffnen uns einen Raum, vier Dimensionen öffnen ein Raum-Zeit-Gefüge. Mit fünf Dimensionen erleben wir uns darüber hinaus unabhängig von Raum und Zeit. Die fünfte Dimension wirkt im Raum-Zeit-Gefüge, ist zugleich deren Zentrum und deren Ursache. Die Anerkennung der fünften Herzkammer ist Ausdruck der Anerkennung der fünften Dimension im Dasein des Menschen. Sie ist im Zusammenhang mit den anderen vier Herzkammern zu betrachten, um dieser Dimension in unserer Erfahrung Raum zu geben.

Über die fünfte Herzkammer haben wir Zugang zu unserer Blaupause des Lebens als menschliches Wesen, individuell und als Teil der ganzen Menschheit. Die Energie der fünften Kammer schlägt einen Rhythmus, welcher uns erinnert, wie wir sein würden, wenn wir unserem innersten Ideal als Mensch einer geeinten Menschheit entsprächen. Da der Herzschlag ursprünglich von diesem Rhythmus Impulse erhält, tragen wir unser Ideal nicht nur stets und ständig bei uns, sondern wir werden auch mit jedem Herzschlag daran erinnert, welch hohes Ideal in uns lebt.

Schmerzen des Herzens ergeben sich, wenn wir unser Ideal ablehnen oder in irgendeiner Form verleugnen oder verbiegen lassen. Das *göttliche Ideal* ist ewig lebendig. Das göttliche Ideal ist die Ursache jedes schlagenden Herzens.

Das physische Herz ist das irdische Heim des pulsierenden Lichtfunkens in uns. Das ewige Heim unseres Ideals lebt in einer höheren Schwingung, in der es keine Zerstörung gibt, nur Einheit und Harmonie.

Die fünfte Herzkammer wirkt wie ein Tor zu höherem Bewusstsein, durch welches das Licht der Quelle zunehmend zu uns durchdringt. Und ebenso, wie wir die fünfte Herzkammer entdecken und für möglich halten, werden wir weitere, noch tiefer verborgene, noch höher schwingende Tore entdecken und eröffnen, je weiter wir uns selbst und im Gefüge des Kollektivs Menschheit entwickeln.

Das menschliche Herz ist als der Impulsverstärker des göttlichen Funkens in unserem Leben ein Ausdruck von Kraft und Energieeinsatz. Das Herz ist das Tor für die *eine* göttliche Energie, die durch einen jeden Menschen fließt. Allein der Mensch kann mit seiner Entscheidungen, der Liebe Grenzen zu setzen oder ihr den Fluss zu schenken, sich selbst und anderen gegenüber hartherzig oder offen sein. Der Mensch allein kann sein eigenes Herz einengen, überfordern, vernachlässigen oder erdrücken. Der Mensch allein kann sein eigenes Herz weiten und der Liebe öffnen, so dass die *eine* göttliche Kraft durch ihn fließt.

Das Herz als das Zentrum des Blutadernetzes und die zentrale Kreuzung der Haupt-Nadis ist auch der Mittelpunkt der menschlich-irdischen und der menschlich-geistigen Dimension des Seins. Das Herz ist so etwas wie die Verbindung von Himmel und Erde im Menschen. Aus der Vereinigung von Vater und Mutter entsteht das Kind, aus der Vereinigung von Himmel und Erde geht der Mensch hervor, das Herz bildet die Kreuzung des Lebens, in der alles im Gleichgewicht schwingen möchte. Sind Oben und Unten, Himmel und Erde wie auch Rechts und Links, Geben und Nehmen insgesamt im Gleichgewicht, erstrahlt aus der Mitte ungehindert die Liebe des Schöpfers.

# Heilkunde für den ganzen Menschen

Auch im »westlichen« Kulturkreis beginnen die Menschen zunehmend zu erkennen, dass die Ursache von Krankheiten nicht in sogenannten Erregern und Auslösern oder in den Organen zu suchen ist, sondern im Menschen selbst und in seiner fehlenden Verbindung zur Natur und allen Lebewesen.

Krankheit erscheint niemals als Makel, sondern als eine Chance zur Heilwerdung in der Entwicklung der Seele zur Ganzheit. Eine Krankheit ist immer Ausdruck eines bestehenden Ungleichgewichtes im eigenen Körper und in der Einheit von Körper, Geist und Seele. Sogenannte Risikofaktoren, genetische Veranlagung, Unfälle, Verletzungen, Viren, Bakterien oder Pilze sind zwar Teile einer Kette von Ereignissen, die zu Krankheit führen, jedoch nicht ihre Ursache. Jede Krankheit ist individuell und betrifft immer das eigene Selbst sowie gleichermaßen die Beziehung zur Umwelt, welche einzelne Menschen, die Menschheit als Ganzes, das ökologische System Erde, im Grunde alles Leben beinhaltet.

Jeder Mensch ist unabdingbarer Teil eines großen Ganzen, unersetzlich und wichtig für das All, und gleichzeitig befindet sich jeder Mensch in seiner individuellen Entwicklung. Das allumfassende Ganze existiert im höchsten Sinne in unendlicher Harmonie. Und jedes einzelne Wesen darin ist bestrebt, Harmonie in sich selbst zu erreichen sowie in Harmonie mit dem Ganzen zu existieren.

Gesundheit bedeutet Balance. Der Weg der Balance beinhaltet, bei allen Auseinandersetzungen im Leben immer wieder in eine neue Harmonie zu gelangen, was sich in Gesundheit offenbart. Gesundheit hat nichts mit Normen zu tun, die von Menschen aufgestellt sind, Gesundheit bedeutet

Wohlbefinden. Leben ist ewige Bewegung und Entwicklung und ein Feld der Meisterung. Niemand ist darin starr. Heilung ist jeweils der Weg der Wiederherstellung des inneren Gleichgewichtes auf einer höheren Ebene des Bewusstseins durch Entwicklung und schließt geistiges Wachstum und Bewusstwerdung mit ein. Darin ist jeder Mensch individuell, wie auch jede Erkrankung und die Wege der Heilung immer einzigartig sind.

Es gibt heute viele Forschungsergebnisse und Erkenntnisse, die darauf beruhen, den Menschen in Körperteile, Organe und Organsysteme bis tief in die Zellebene hinein aufzuschlüsseln. Je nach dem Stand der Wissenschaft erreichen Forschungen immer größere Tiefen der Aufsplitterung des menschlichen Körpers in seine kleinsten Bestandteile. Wir kennen diverse medizinische Diagnosen und Prognosen, welche aufgrund beobachteter, bereits vergangener Krankheitsverläufe dazu dienen, Krankheiten zu spezifizieren und zusammenzufassen. Es werden vielfach Behandlungsmethoden ermittelt, die auf allgemeine, vom Individuum losgelöste Krankheitsbilder ausgerichtet sind und nicht am Menschen selbst.

Neue Erkenntnisse der modernen Wissenschaft in Bereichen wie der Quantenphysik oder der Neurologie über die Wirkung des Lichts, der Energie des menschlichen Geistes und die Macht unserer Gedanken zeigen in unserer Welt der Aufsplitterung zugleich bereits den Weg zu einer ganzheitlichen Betrachtung. Die Quelle der Heilung offenbart sich uns in einer stetigen Erweiterung des Bewusstseins und der analogen Erkenntnis von Individualität und Ganzheit.

Ein allgemeines Umdenken und die heilsame Begegnung und Verbindung von scheinbar Gegensätzlichem sind ein Qualitätsausdruck unserer Zeit. So werden Spontanheilungen in der modernen Medizin heute bereits für möglich gehalten, wenn sie auch nicht erklärbar sind. Türen öffnen sich.

Die Verbindung von allem Wissen, die Anerkennung der Erfahrung des jeweils anders Arbeitenden zum Wohle des Menschen bildet die Brücke für eine Medizin, in der der Mensch im Mittelpunkt steht, wo Leben und Sterben ebenso geachtet sind wie jeder Heilungsweg, den ein Mensch selbstverantwortlich wählt.

Der Mensch wird sich des Umstandes zunehmend wieder bewusst, dass Heilung immer Körper, Geist und Seele betrifft, und auch, dass es mehr gibt als das, was wir mit unseren physischen Augen sehen, was wir anfassen und was wir messen können. Es scheint heute ein notwendiger Weg der menschlichen Erkenntnis zu sein, sowohl die Wissenschaft als auch die momentan noch nicht wissenschaftlich bewiesene Erfahrung, welche jedoch erwiesenermaßen Gutes bewirkt, gleichermaßen anzuerkennen. Wir möchten heute miteinander verbinden, was wir wissen und was wir wahrnehmend erfahren. Am Ende jeder Aufsplitterung eines Ganzen in seine Einzelteile offenbart das einzelne Teilchen stets das All.

Heilung geschieht niemals von außen durch eine fremde Macht, sondern ganz allein durch die jedem lebendigen Organismus innewohnende Lebenskraft. Diese selbst heilende Lebenskraft hat ihre Quelle in der *einen* allumfassenden liebenden Kraft, im ursprünglichen Geist, der alles Leben in sich trägt und erschafft.

Ganzheit bedeutet nicht nur die Einheit von Körper, Geist und Seele, sondern auch von Vergangenheit, Gegenwart und Zukunft, von Innen und Außen. Der Mensch ist ein machtvolles Wesen, dem vollkommene Kraft zur Erfüllung all seiner Wünsche gegeben ist. Der machtvollste Moment ist das Jetzt. Um sich zu erfüllen, räumt der Mensch im Grunde seine eigenen Widerstände aus dem Weg, um den Lebensfluss durch sich fließen zu lassen.

Da das Leben im Ursprung der Seele ewig ist und nicht in den Zyklus zwischen Geburt und Tod gepresst werden kann, sind Geburt und Tod auch nicht die Grenzen des Lebens und des Heilens. Heilung geht sehr oft über den Tod hinaus und beginnt lange vor der Geburt. Der Tod ist eine Tür, und diese Tür führt in andere Daseinsebenen des ewigen Lebens. Die Angst vor dem Sterben aufzulösen, ist der einzige Weg, die Angst vor dem Leben oder dem Versagen wie auch vor Krankheiten und Illusionen loszulassen, um sich dem Lebensfluss wirklich hingeben zu können.

Eine Medizin für den ganzen Menschen braucht ein Ja zum Leben, was das Ja zur natürlichen Geburt wie auch das Ja zum würdevollen Altern und Sterben des materiellen Körpers mit einschließt.

Um uns einer Medizin für den ganzen Menschen zuzuwenden, müssen wir nicht warten, dass sich gesellschaftlich etwas ändert. Damit Wissen und Weisheit sich vereinen, darf jeder einzelne Mensch in sich selbst nach der Wahrheit suchen.

Prüfst du jede Information, die dir begegnet, mit deinem Herzen, um ihren Wahrheitsgehalt für dich zu erkennen und zu entscheiden, ob du sie für dich annimmst und weiterträgst, bist du auf einem bewussten Weg.

Akzeptieren wir auf unserem Weg der Heilung auch das Andere, was vielleicht der eigenen Wahrheit nicht oder einfach nur jetzt nicht entspricht, so kann ein jeder sich öffnen und für sich wählen, zu welchen Heilmethoden es ihn innerlich hinlenkt. Ein jeder darf auch jedem anderen seine Wahl lassen, ohne etwas zu beurteilen. Es dürfen Brücken entstehen, die Wissen und Weisheit sowie Teilbarkeit und Ganzheit verbinden. Wie Körper, Geist und Seele ursprünglich in Einklang sind, so sind Geburt und Tod Teile eines lebendigen Zyklus. Erfahrungen dürfen, anstatt einschränkend zu wirken, als freibleibende Wegweiser dienen, die jeder selbst für sich auswählen darf.

Mit einer wahrheitssuchenden inneren Haltung im Menschen selbst tun sich Räume für Heilung auf, die allein dem Menschen dient, der sie in sich zu erlangen sucht. Ein jeder Mensch wird an der eigenen und der Heilung des anderen interessiert sein, allein um der Liebe willen.

## Die geistige Ursache der Heilung

Für unsere Gesundheit sind uns unendlich viele Mittel und Methoden gegeben, die mit ihren innewohnenden ganzheitlichen Informationen die Lebenskraft derart anregen, dass diese zur Heilung führt. Immer ist es der Geist eines Heilmittels, welcher die Lebenskraft veranlasst, Ursache der Heilung zu sein. Und immer ist es die Lebenskraft selbst, welche heilt.

Wenn ein Arzt oder Heiler einen Menschen betrachtet, so kann er dessen Organe und Organsysteme wie auch die zentrale Steuerung genauso wenig getrennt beurteilen, wie den Körper und die Seele. Auch kann er den gesamten Gesundheitszustand kaum allein mit äußeren Sinnen erfassen oder gar rational verstehen. Der äußeren Wahrnehmung allein zeigt sich lediglich so etwas wie die »Spitze eines Eisberges«. Der Großteil von dem, was einen Menschen ausmacht, auch der Weg seiner Erkrankung, liegt in ihm verborgen. Dennoch zeigt sich dem ganzheitlichen Betrachter alles Nötige über die gesamte Erscheinung.

Der physische Körper ist in der Lage, genaue und eindeutig wahrnehmbare Signale für unsere bewusste Wahrnehmung auszusenden, wenn etwas nicht in Einklang schwingt und sich ein Krankheitszustand entwickelt. Bei seinen Signalen kann ein physischer Körper sehr hartnäckig sein, jedoch ist er mit all seinen Organen und Organsystemen nicht die Ursache einer disharmonischen Verstimmung. Der physische Körper ist ein Instrument für die Wahrnehmung. Der Anlass und die Ursache einer jeden Erkrankung ist geistiger Natur.

Dass die Ursache einer Störung des Gleichgewichts immer in dem erkrankten Menschen selbst liegt und Ausdruck des ihm innewohnenden Geistes ist, ist weder gut noch schlecht. Es ist, wie es ist und gehört in dem Augenblick zu diesem Menschen, da seine Seele eine Balance auf neuer Ebene anregen möchte.

Alles, was der Mensch glaubt, wovon er überzeugt ist, bewusst oder auch unbewusst, spiegelt sich über kurz oder lang in seinem äußeren Erfahrungsfeld wider. Zu diesem Erfahrungsfeld zählt auch sein physischer Körper.

Krankheitssymptome sind immer Hinweise auf eine Störung des inneren Gleichgewichts, wobei jederzeit die Gesamtheit der Störung behoben und nicht nur einzelne Symptome bekämpft werden möchten. Es geht bei Heilung niemals um alleinige Linderung oder Beseitigung von Symptomen, auch nicht um reine Funktionswiederherstellung. Es geht immer darum, den gesamten Krankheitsgeist zu erlösen, um eine neue Harmonie und ein höheres Bewusstsein zu erreichen.

Die ganzheitliche, geistig-energetische Betrachtung und die differenzierte, wissenschaftlich fundierte Sicht bedürfen keiner Übersetzung, wie von einer Fremdsprache in eine andere. Es ist stets eine Erweiterung des Blickwinkels und die Betrachtung von mehr als nur einer Ebene gefordert, um medizinischen Fortschritt zu erlangen und die uns zur Verfügung stehenden Heilmittel zu erkennen.

Wenn man aus einer fortgeschrittenen Betrachtung heraus einmal den »Wald vor lauter Bäumen nicht mehr sehen kann«, ist es gut, ein paar Schritte zurückzutreten und eine andere, vielleicht auch eine neue Perspektive einzunehmen. Medizinisch können wir unseren Horizont erweitern, indem wir einfach das Wissen ehren, uns der Teilbarkeit und der bekannten Details aller Dinge bewusst bleiben und uns dennoch weise dem sogenannten »Wald in all den Bäumen« öffnen. Die Gesamtheit ist weit mehr, unendlich viel größer und beeindruckender als die bloße Summierung einzelner Bestandteile.

Wir sind stets von den Heilmitteln umgeben, die uns helfen können, in bewusster Ganzheit zu unserer Gesundheit zurückzukehren. Je nachdem, wo der Mensch in seinem Bewusstsein und wo die Menschheit in ihrem Gesamtbewusstsein steht, eröffnen sich diese oder jene Mittel und Methoden zur Heilung. In jeder Entwicklung zu mehr Bewusstheit und einer damit verbundenen feineren Wahrnehmung wird sich auch die Wahl der Heilmittel verändern, vervielfältigen und verfeinern.

Erkennt der Mensch die geistige Ursache seiner Existenz, so nimmt er auch die Entstehung von Krankheiten sowie die Möglichkeiten der Heilung auf geistiger Ebene wahr. Der Mensch in seiner ganzheitlichen Entwicklung wird zunehmend die geistig-seelische Ebene betrachten und vermehrt Mittel und Methoden dieser Ebene zur Heilung verwenden.

## Wirkung der Kristallenergien

Die Energien der Kristalle wirken heilsam, indem sie ihr Licht direkt in das Energiesystem eines Menschen oder anderen Lebewesens geben. Kristalle bewirken immer eine Anregung der Lebenskraft zur Selbstheilung. Je nachdem, wie es im Einklang mit der Seele des Heilsuchenden am segensreichsten ist, ergeben sich die Umstände der Heilung sowie das Tempo und die Art und Weise der Lösungen.

Die Heilimpulse aus den Kristallenergien erscheinen geistig-energetisch, es wird kein stofflicher Übermittler benötigt. Das Tragen, Anschauen und Auflegen von Kristallen bestimmter Energien kann uns jedoch helfen, uns dieser lichtvollen Energien bewusster zu werden, die Resonanzen deutlicher zu spüren.

Der Mensch und die auf ihn einwirkende Kristallenergie stehen immer in einem interaktiven Dialog. Das Kristall-Licht sendet die Heilinformationen in dem Tempo und der Art in das Energie- und Körpersystem des Menschen, wie es am besten und sanftesten im Einklang mit der Seele dieses Menschen geschehen mag, um ihn seiner bewussten Vollkommenheit näher zu bringen.

Ein Kristall agiert ausschließlich in Verbindung mit der Seele des Menschen, dessen bewusste Wahrnehmung von Vorteil und natürlich auch wünschenswert ist. Das bewusste Erfahren ist dabei nicht zwingend und auch nicht immer notwendig, um in den Genuss einer Heilwirkung zu gelangen. Diese kann für einen Menschen auch vollkommen unbewusst geschehen, jedoch stets im Einklang mit seiner Seele und immer sein Bewusstsein anregend. Bewusste Heilung tritt jedoch schneller ein.

Das Eintauchen in die energetischen Aufgaben von Organen und Organsystemen, wie in diesem Buch in Herz, Nieren und Nervensystem, sowie deren Zusammenwirken im Gefüge von Körper, Geist und Seele darf erste Einblicke gewähren, die Wirkungsweise geistig-energetischer Heilmittel wie der Kristallenergien besser verstehen und annehmen zu können.

Es ist stets bedeutsam, alle Organe und Organsysteme über die gebräuchliche Klassifizierung und Spezifizierung hinaus in ihrem höheren Zusammenhang zu betrachten. Alle Organe in einem lebendigen Organismus sind untrennbar und in Wechselwirkung miteinander verbunden, sie bedingen sich gegenseitig und bilden ein höheres Ganzes.

Dies ist bedingungslos wahr. Selbst wenn einem Menschen physische Organe oder Körperteile fehlen oder ihre Funktion versagen, existieren sie immer noch auf der höher schwingenden geistig-energetischen Ebene. Alle Organe können, soweit es dem Leben dienlich ist, erneut zur physischen Ausprägung angeregt werden, was in Zukunft vervollkommnet werden wird. Bis es soweit ist, dass Organe durch unser Bewusstsein generell natürlich nachwachsen, können physisch fehlende Organe im Organismus soweit geistig-energetisch reaktiviert werden, dass eine innere Harmonie entsteht und die Körperfunktionen ausreichend erfüllt werden.

# Chakren – Energiezentren und Kraftwirbel

Alles ist Energie. Über seinen physischen und dichtesten Energiekörper hinaus besitzt der Mensch natürlich einige weitere, wegen der jeweils höheren Schwingung für das physische Auge weitestgehend unsichtbare, geistigere Körper. Alle Energiekörper eines Menschen stehen untrennbar miteinander in Verbindung.

Ein Chakra stellt als ein wichtiges Energiezentrum eine Verbindung zwischen verschiedenen Energiekörpern eines Menschen dar. Es vereinigt in sich mehrere Dimensionen des multidimensionalen Daseins. Jedes Chakra zeigt durch seine Schwingung, seine Offenheit und seine Balance, womit sich ein Mensch in seiner seelischen Entwicklung gerade auseinandersetzt.

In Bezug zum irdischen Dasein eines Menschen sind sieben sogenannte Haupt-Chakren hervorzuheben. Es erscheinen jedoch weitere höhere Haupt-Chakren und diverse Neben-Chakren im Körper, die im Folgenden allerdings nur in dem Umfang betrachtet werden, wie sie von den Kristallbotschaften in diesem Buch berührt werden.

Je mehr sich das menschliche Bewusstsein erweitert, je mehr Dimensionen wir innerhalb unseres Menschseins sozusagen bewusst bewohnen, um so deutlicher offenbaren sich uns natürlich über die uns bekannten energetischen Strukturen hinaus weitere unser multidimensionales Sein betreffende Energiestrukturen. Chakren zeigen sich an verschiedenen Stellen im menschlichen Körper als eine Art Energiereflektor, welcher einen Spiegel für den eigentlichen energetischen Kraftwirbel darstellt. Die Chakren selbst befinden sich nicht in der Physis, sie werden lediglich in der Physis reflektiert, damit jedoch spürbar und auch bewusst balancierbar. Durch Aurafotografie werden nicht die Chakren selbst, sondern die Reflektoren der Chakren im Bereich des physischen Körpers farbig sichtbar gemacht.

Wenn ein Chakra ungehindert schwingen und die Lebenskraft frei fließen kann, so erfahren wir ein Chakra als einen wahren Kraftwirbel in einer seiner Schwingung entsprechenden Farbe.

Die Harmonisierung eines einzelnen Chakras ermöglicht eine bewusste Nutzung der hier hervorströmenden Energien. Mit der Balance eines jeden Chakras eröffnet sich immer auch ein Zugang zur Energie des jeweils nächsthöher schwingenden Energiekörpers und des mit diesem verbundenen Chakras. Ziel eines jeden Menschen in seiner gesamten Entwicklung ist die vollkommene und dauerhafte Aktivierung all seiner Chakren sowie deren Harmonie untereinander.

Chakren zeigen sich in ihrer physischen Reflektion zuerst als in eine oder zwei Richtungen aktiv geöffnete Energiewirbel, so dass sie wie ein Trichter oder Doppeltrichter erscheinen. In der weiteren Entwicklung des energetischen Potentials eines Menschen zeigt sich ein Chakra jedoch mehr in Form einer nach allen Seiten aktiven Energiekugel, deren Farbe in der Vollendung von seiner Urschwingung bis zu Gold transformiert wird.

Hat ein Mensch alle seine Haupt-Chakren vollkommen zu ringsherum wirksamen Energiekugeln aktiviert und miteinander in Balance gebracht, so verwirklicht sich in ihm das sogenannte verbundene goldene Chakra. Ein solches verbundenes Chakra wird im physischen Körper als eine kraftvolle Energiesäule aus Licht reflektiert. In dieser Kraft ist ein Mensch in der Lage, wieder aus seiner ursprünglichen *göttlichen* Kraft ungehindert zu schöpfen.

Die Verwirklichung des verbundenen goldenen Chakras bedeutet für einen Menschen, seine eigene Meisterschaft auf Erden anzutreten.

Jeder Mensch besitzt in seiner Entwicklung drei energetische Wege, die miteinander verbunden sind: den Weg vom Scheitel zur Basis, welcher die Geburt in die Materie beschreibt; den Weg von der Basis zum Scheitel, welcher die Erkenntnisse von der Geburt bis zum physischen Tod beinhaltet; und den vom Herzen ausgehenden immerwährenden Weg. Wie Vater (Herz), Sohn (Materie) und Heiliger Geist (Himmel) in der Entwicklung eine Einheit bilden, so auch diese drei Wege.

Jedes der sieben Haupt-Chakren hat auf dem Erkenntnisweg von der Basis zum Scheitel seine eigene Haupt-Aktivierungsphase innerhalb eines menschlichen Lebens. Und alle Chakren bauen von der Basis aus aufeinander auf. So wird die Erkenntnis des Basischakras mit der Geburt und wesentlich in den ersten sieben Lebensjahren erlebt, die Erkenntnis des Sakralchakras überwiegend in den folgenden sieben Lebensjahren, die Erkenntnis des Sonnenchakras in den darauf folgenden sieben Lebensjahren. Die Erkenntnisse der weiteren Haupt-Chakren folgen je nach Entwicklung der jeweils darunter schwingenden Chakren.

Die ersten drei der sieben Haupt-Energiezentren wurzeln vorrangig im irdisch-materiellen Sein, die höchsten drei Energiezentren sind überwiegend im geistigen Sein zu Hause. Das Herzchakra in der Mitte ist unsere zentrale Verbindung zwischen Himmel und Erde.

Da ein Mensch sich nicht nur innerhalb seines physischen Lebens in der Entwicklung befindet, sondern ein multidimensionales Wesen ist, laufen die Entwicklungen aller Daseinsdimensionen parallel zu den Erfahrungen in diesem physischen Leben ab. Im Grunde kann die Entwicklung und Aktivierung der Chakren eines Menschen weder in der Reihenfolge noch in den Schwingungsfarben schematisch betrachtet werden.

Es gilt auch hier, zwischenmenschliche Vergleiche loszulassen. Jeder entwickelt sich dort, wo es für ihn gerade wichtig ist, hat sein eigenes Tempo und bringt selbst mit, was er braucht. Ein Maß gibt es nur in Zeit und Raum, wo das Ego zu Hause ist. So gibt es Menschen, in denen dieses oder jenes Chakra vielleicht gerade stärker aktiv ist, als es die Reihenfolge der nachfolgend benannten Haupt-Chakren und deren Aktivierung vermuten lassen. Unser multidimensionales Sein mit seinen parallelen Erfahrungswelten macht dies ganz natürlich möglich.

Nachfolgende Beschreibungen über die Erscheinung der Chakren im Lebensweg von der Geburt bis zum physischen Tod sind daher als offenes Erfahrungsfeld zur Orientierung zu betrachten. Formen, Farben und Entwicklung sind natürlich individuell. Es ist über alles Wissen hinaus wertvoll, deiner eigenen gefühlten Wahrnehmung zu vertrauen und dieser die höhere Priorität zu geben, während du anderen ihre eigenen Wahrnehmungen lässt.

## *Das Basis- oder Wurzelchakra*

Das Basischakra wird am unteren Teil des Rumpfes zwischen Anus und Geschlecht, dem sogenannten Damm reflektiert. Es ist zuerst nach unten zur Erde hin geöffnet wahrnehmbar, in der Regel mit einer leichten Neigung nach vorn.

Das Wurzelchakra bildet die Basis unseres physischen Lebens und ist das Tor zu unserem physischen Körper. Über das Basischakra werden alle Lebensvorgänge gelenkt, die eine fundamentale Lebensgrundlage bilden.

Dieses Chakra ist in Balance und in seiner Kraft, wenn ein Mensch sich vollkommen genährt und sich im Hier und Jetzt grundlegend angenommen und geliebt fühlt. Die Erfahrung dieser Fülle und des Willkommenseins auf Erden, in der Familie und im Leben wird in erster Linie über die leiblichen Eltern vermittelt und im Ganzen über die Erkenntnis, Gottes Kind zu sein, geheilt.

Bedeutung: Lebensbasis und Verankerung in der Erde
Erste Öffnung: nach unten
Klangfarbe: ein erdiges Rotbraun bis zu leuchtendem Rot
Haupt-Aktivierung: Geburt und erstes Lebensjahrsiebt
Hilfreiche Symbolik: eine dunkelrote Hibiskusblüte
Pflanzenstärke: Wurzeln, Pflanzen mit rötlichen Säften und Anteilen, Hagebutte, roter Apfel
Steine und Kristalle: dunkelrote und bräunliche Steine, beispielsweise roter oder braunroter Karneol, Granat, Rubin, roter oder brauner Jaspis
Körperdrüsen: Nebennierenrinde

Die Erkenntnis des ersten Chakras ist:
**Ich liebe mich so, wie ich bin! Ich bin allezeit und überall darin genährt, vollkommen geliebt und beschützt zu sein!**

## *Das Sakralchakra*

Das Sakralchakra wird einige Finger bis eine Handbreite unter dem Bauchnabel reflektiert, etwa in Höhe der Blase, bei einer Frau gefühlt in Höhe ihrer Gebärmutter.

Ein gereiftes Sakralchakra bildet die Grundlage einer wissenden Persönlichkeit, die sich ihrer *göttlichen* Schöpferkraft zum *höchsten Wohle aller* bewusst ist. Die Entwicklung dieses Chakras geht mit der Entfaltung der geschlechtlichen Eigenschaften eines Menschen einher.

Das Wort »sakral« bedeutet ursprünglich »heilig«. Durch seinen Namen werden wir an die Ursprungsbedeutung dieses Chakras erinnert. Es ist das Tor zu unserem *heiligen Tempel.* Die hier gelenkten Energien, welche in sexueller Tätigkeit fehlgeleitet sein können, dienen ursprünglich unserer heiligen Schöpfermacht. Auf der Basis einer gesunden Lebenskraft wurzelnd, führt uns unsere befreite sakrale Energie zurück zur Freiheit der uns möglichen *göttlichen* Schöpfung im Einklang mit *allem, was ist.*

Bedeutung: Heiliger Tempel *göttlicher* Schöpfermacht
Erste Öffnung: nach vorn und nach hinten
Klangfarbe: leuchtendes Orange bis hin zu Goldorange
Haupt-Aktivierung: zweites Lebensjahrsiebt
Hilfreiche Symbolik: orangefarbene Lilienblüte
Pflanzenstärke: Blüten, welche stark ausgeprägte Geschlechtsmerkmale besitzen, orangefarbener Apfel und Früchte
Steine und Kristalle: orange- bis goldfarbene Steine, beispielsweise Karneol, Jaspis, Feueropal, Goldtopas und Goldberyll in diesen Tönen
Körperdrüsen: Keimdrüsen (Eierstöcke und Hoden)

Die Erkenntnis des zweiten Chakras ist:
**Meine Lebenskraft ist in meinem heiligen Tempel der Freude ewig behütet! Sie dient allein dem *höchsten Ganzen*!**

## *Das Sonnenchakra oder Solarplexus/Sonnengeflecht*

Das Sonnenchakra wird in Höhe von Magen und Bauchspeicheldrüse reflektiert. Der Name »Sonnengeflecht« übermittelt uns die Bedeutung des Chakras, das die Grundlage für dem Menschen dienliche und fruchtbare Beziehungen bildet. Beziehungen, welche einem gereiften Solarplexus entspringen, dienen ausschließlich dem Licht und lassen in einem Menschen seine innere Sonne hell erstrahlen.

Die Strahlkraft dieses Chakras zeigt an, mit Wesen welcher Energie ein Mensch bewusst oder unbewusst Verbindungen eingeht. Eine Erhöhung der Energie in diesem Chakra beendet oft starre und ungute Beziehungen und bringt dadurch neue und höherschwingende Bekanntschaften in unser Leben. Eine Reinigung und Aktivierung dieses Chakras bringt Klarheit und löst so bislang durch das Unterbewusste ermöglichte oder geduldete Missbrauchsbeziehungen auf. Das Sonnenchakra hilft uns zu erspüren, welcher Art die Beziehung mit dem vor uns stehenden Wesen in der derzeitigen Entwicklung ist.

Mit etwa 14 Jahren befindet sich der gesunde Mensch zumeist in einer Reife, wo er sich vollständig der Welt der bewussten Beziehungen widmet und ihre Vollkommenheit erspüren lernt. In dieser Zeit wäre es gut, noch keine intimen Beziehungen zu eröffnen, sondern im Grunde erst mit Meisterung dieses Chakras. Ein ausgereifter Solarplexus ist die Grundlage einer Erhebung zwischenmenschlicher Beziehungen auf die Ebene des Herzens.

Bedeutung: die innere Sonne
Erste Öffnung: nach vorn und nach hinten
Klangfarbe: ein warmes Goldgelb bis zu hell strahlendem Gelb
Haupt-Aktivierung: drittes Lebensjahrsiebt
Hilfreiche Symbolik: Sonnenblume, Löwenzahn, gelbe Korbblüte
Pflanzenstärke: Pflanzen mit gelben Säften, gelb färbendem Pflanzensaft oder gelben Blüten, Kurkuma, Löwenzahn, Schöllkraut
Steine und Kristalle: gelbliche und goldfarbene Steine, beispielsweise Citrin, gelber Feueropal, Goldberyll, gelber Jaspis, Tigerauge, Pyrit und besonders Pyritsonnen
Körperdrüsen: Bauchspeicheldrüse

Die Erkenntnis des dritten Chakras ist:
**Mit meiner inneren Sonne beleuchte ich alle meine Beziehungen! Während alle unwahren Verbindungen sich lösen, stärke ich die lichtvollen Bande der Liebe meines Herzens!**

## *Das Herzchakra*

Das Herzchakra bildet eine Art Wegkreuz zwischen Himmel und Erde. Es wird in Höhe des Brustbeins und des Herzens selbst reflektiert. Ein weit geöffnetes Herzchakra erlaubt einem Menschen, vollkommene Vergebung zu schenken und zu erfahren und damit Herzensverbindungen einzugehen. Das Herzchakra ist das Tor zur Quelle der reinen bedingungslosen Liebe.

Mit der Aktivierung des Herzchakras erreicht die Beziehungsfähigkeit eines Menschen die reine Liebe, die ihn sich in einem *höheren Ganzen* hingeben und aufgehen lässt. Die Reinigung und Öffnung des Herzchakras erlaubt, Kummer und Traurigkeit gehenzulassen, wie auch alles bisher Unverziehene durch Vergebung in Lösung zu bringen.

Im Herzen liegt das Tor zu *Gott* als eine Verbindung von *allem, was ist.* Infolge der Aktivierung aller unter ihm schwingenden Chakren und deren Harmonisierung mit den höher schwingenden Chakren bildet dieses Chakra die goldene Mitte, aus der die *göttliche* Kraft direkt hervorströmt. Nur die reine Liebe, die mit Hilfe der Vergebung erreicht werden kann, ist in der Lage, dieses Energiezentrum zu erweitern.

Bedeutung: Quelle reiner, bedingungsloser Liebe
Erste Öffnung: nach vorn und nach hinten
Klangfarbe: komplementär hellgrün bis smaragdgrün in Resonanz mit einem zarten bis kraftvollen Rosa
Haupt-Aktivierung: ab einem Alter von etwa 21 Jahren
Hilfreiche Symbolik: rosafarbene geöffnete Rose in smaragdgrünem Blattwerk
Pflanzenstärke: Rosenblüten, grüne Blätter, Moos
Steine und Kristalle: alle grünen und rosafarbenen Steine, beispielsweise Rosenquarz, Grüner Turmalin, Wassermelonen-Turmalin, Rubinfuchsit, Kunzit, Smaragd, Aventurin, Heliotrop, Chrysokoll
Körperdrüse: Thymusdrüse

Die Erkenntnis des vierten Chakras ist:
**Ich bin reine, *göttliche*, ewige, bedingungslose Liebe! Ich bin ein reines Gefäß, allein von *Gott* erfüllt, durch welches Er sich in diese Welt ergießt!**

## *Das Halschakra*

Das Halschakra wird in Höhe des Kehlkopfes reflektiert und steht einerseits für das, was ein Mensch zu sich nimmt, und andererseits für das, was er von sich gibt. Ein vollkommen aktiviertes Halschakra bildet die Grundlage für reine und liebevolle Kommunikation auf allen Ebenen, nicht nur der Sprache. Dieses Chakra bildet die Basis für die Umsetzung der uns innewohnenden heiligen Schöpferkraft in kreativem Schaffen. Darüberhinaus dient ein reines Halschakra der Aufnahme seelenreiner Nahrung, was es dem physischen Körper erlaubt, zu einem lebendigen Tempel *Gottes* zu erwachsen.

Eine Reinigung des Halschakras bringt bislang Unausgesprochenes zurück in das Bewusstsein. Aktivierung und Balance schenken zudem die Kraft, bedingungslos zur inneren Wahrheit zu stehen. Alles, was ein Mensch durch sein Wort in die Welt bringt, wird hier einer Prüfung unterzogen. Die Vergebungsenergie eines reinen Herzens ist die Grundlage für ein bereinigtes Halschakra, welches nun zur Quelle schöpferischer Kreativität wird, die zum *höchsten Wohle* des Ganzen fließt.

Bedeutung: *göttlich* tätige Weisheit
Erste Öffnung: nach vorn und nach hinten
Klangfarbe: zartes bis kräftiges Hellblau in Resonanz mit Perlmutt
Haupt-Aktivierung: nach der Haupt-Aktivierung des Herzchakras
Hilfreiche Symbolik: ein leicht geöffneter Mund
Pflanzenkraft: zarte, helle, blaue geöffnete Blüten
Steine und Kristalle: zart- und hellblaue Steine, wie Coelestin, Blautopaz, Aquamarin, Larimar, blauer Calcit, blauer Chalcedon, blauer Chrysopras
Körperdrüse: Schilddrüse

Die Erkenntnis des fünften Chakras ist:
**Ich verleihe meiner inneren Wahrheit in *Gottes* Namen vollkommenen Ausdruck! Ich nehme nur reine *göttliche* Nahrung zu mir!**

## *Das Stirnchakra oder Dritte Auge*

Das Stirnchakra, welches auch als Drittes Auge bezeichnet wird, ist dem *inneren Sehen* gewidmet. Die innere Sehfähigkeit wiederum hat einen starken Einfluss auf die Wahrnehmung der äußeren Welt, in der wir leben.

Ein Stirnchakra in voller Kraft birgt eine liebevolle Wahrnehmung dessen, was um uns ist, und eine Anerkennung des eigenen Anteils an dem, was sich uns über unsere äußeren Sinne zeigt. So wird ein aktiviertes

Stirnchakra über die Verbindung von innerem und äußerem Sehen zur Quelle der Schöpfung in *göttlicher* Weisheit.

Ein wahrhafter Seher ist ein Mensch, dessen Drittes Auge so weit aktiviert ist, dass er die Zukunft sieht, die er schöpft, indem er in vollkommener Liebe und Wahrhaftigkeit schaut, also in Bildern und Gedanken aussendet, was dem *höchsten Wohle aller* dient. Ein wahrhaft Sehender hält sich von allen Schöpfungen fern, die nicht dem *höchsten Wohle* dienen und meidet Informationen, die nicht seinem innersten Ideal entsprechen. Ein wahrer Seher wirkt mit seiner wertvollen Energie nur zum Guten, welches alles mit einschließt und in Balance hält.

Bedeutung: Sehen mit *Gottes* Liebe und Weisheit
Erste Öffnung: nach vorn und nach hinten
Klangfarbe: Indigo, Violett und Gold
Haupt-Aktivierung: nach der Haupt-Aktivierung des Halschakras
Hilfreiche Symbolik: ein geöffnetes Auge
Pflanzenkraft: blauer Wein, Schwarzer Holunder
Steine und Kristalle: alle blauen und violetten Steine, beispielsweise Saphir, Indigolith, Sodalith, Dumortierit, Lapislazuli, Labradorit, Azurit, dunkler Amethyst
Körperdrüse: Hypophyse

Die Erkenntnis des sechsten Chakras ist:
**Ich sehe wahrhaftig in Liebe. Die Liebe kennt mich als vollkommenen Teil von sich!**

## *Das Kronen- oder Scheitelchakra*

Das Scheitelchakra wird in der Mitte des Scheitels reflektiert und bildet, in erster Instanz nach oben dem Himmel geöffnet, die Krone der sieben Haupt-Chakren. Ist das Scheitelchakra vollständig aktiviert, so hat ein Mensch bewusste Verbindung zu seinen geistigeren Dimensionen und Zugang zu allen Informationen des gesamten Universums, so wie seine Krone gleichsam das Scheitelchakra aller Menschen ist. Durch die Reinheit dieses Chakras strömt ganz und gar reine und unverfälschte, absolut lichtvolle Wahrheit in den Menschen, um sich durch ihn in dieser Welt zu offenbaren, was ihm erlaubt, auf der Erde in vollkommener Verbindung mit *Gott* zu leben.

Und so wie das Wurzelchakra das letzte Tor ist, durch welches ein Mensch in sein irdisches Leben geboren wird, ist das Scheitelchakra das letzte Tor für seine Geburt in höhere Dimensionen.

Bedeutung: Einheit mit *Gott*
Erste Öffnung: nach oben
Klangfarbe: klares Violett in Resonanz mit Weiß bis Kristallklar
Haupt-Aktivierung: nach der Haupt-Aktivierung des Stirnchakras
Hilfreiche Symbolik: ein tausendblättriger Lotus
Pflanzenkraft: weiße Lotusblüte, weiße und hellviolette große und weit geöffnete Blüten
Steine und Kristalle: alle klaren und weißen bis goldfarbenen sowie klare violette Kristalle, beispielsweise Bergkristall, Diamant, klarer Amethyst, Ametrin, Citrin
Körperdrüse: Zirbeldrüse (Epiphyse)

Die Erkenntnis des siebten Chakras ist:
**ICH BIN eins mit *Gott*,**
**ICH BIN die Harmonie von *allem, was existiert*!**

## *Komplementäre Chakren*

Die Haupt-Chakren eines Menschen stehen in besonderer Beziehung zueinander, was bedeutet, so wie jede irdische Funktion eine geistige Entsprechung besitzt, so haben die Chakren komplementäre Beziehungen.

So wirken das Kronenchakra komplementär zum Wurzelchakra, das Stirnchakra komplementär zum Sakralchakra und das Halschakra komplementär zum Solarplexuschakra.

Sind Blockaden in einem Hauptchakra vorhanden, werden in der Regel die beiden Komplementär-Chakren harmonisiert, beziehungsweise die Balance des einen Chakras hat auch die Balance des komplementären Chakras zur Folge. Dies bedeutet allerdings nicht, dass eine Blockade nur innerhalb von zwei Komplementär-Chakren liegen kann. Es gibt darüber hinaus viele Wechselwirkungen, und es kann so auch notwendig sein, verschiedene, nicht direkt komplementäre Haupt-Chakren miteinander zu harmonisieren.

Neben den sieben Haupt-Chakren, die sich uns in Bezug zum physischen Körper zeigen, gibt es auch diverse Neben-Chakren, wie beispielsweise das Thymuschakra und das Milzchakra sowie paarige Neben-Chakren wie die der Keimdrüsen und der Nebennieren, um nur einige zu nennen.

## *Die Nadis*

Nadis sind Energieleitbahnen der ätherischen und höheren geistigen Dimensionen. Es gibt große Haupt-Nadis, die vorwiegend vertikal verlaufen und sich kreuzen. Sie verbinden körperlich Himmel und Erde miteinander und leiten den Hauptenergiefluss. Dazu gibt es unzählige kleinere Nebenleitbahnen, die aufzuzeigen wenig Sinn hat, da es dem Sichtigen sehr wohl möglich ist, immer genau das in seiner Vielfalt zu betrachten, was gerade zur Balance nötig ist. Wie sich der Mensch in seinem Bewusstsein entwickelt, so auch in der Wahrnehmung seiner Feinstofflichkeit.

Nun darf ich dich einladen, in die Energie des Rauchquarzes einzutauchen und darin das Körperliche und Begrenzende vollkommen loszulassen, um über alles Erlebte hinaus zu fühlen, wie es ist, dich in deiner Mitte energetisch komplett neu einzufinden.

# Rauchquarz

*Empfangen in Begleitung der Energien von Metatron, Erzengel Uriel und den Engeln und Meistern des rubinrot-goldenen Initiationsstrahls*

Fühle in deinen Körper und nimm ihn vollkommen wahr.
Spüre dabei, wie dein Atem dich stetig erfüllt und auch wieder verlässt.

Nimm aus deinem Körper heraus auch die Welt um dich her wahr, während dein Atem sanft wie von selbst ein- und ausströmt.

Lass dich atmen!

Fühle die Schwere, die sich in dir und um dich her zeigt.
Und während der Atem des Lebens beständig ein- und ausströmt, fühle mehr und mehr in dein Innerstes, in das Zentrum in deiner Brust.
Lass dich mit jedem Atemzug tiefer auf deine Mitte ein.
Sinke tief in dich ein.

Während ein rauchiger Nebel wie wohlig umhüllender Dunst aus der Tiefe der Erde aufsteigt und dich wärmend und schützend einhüllt,
sinkst du tiefer und tiefer in dich selbst.

Lass dich vollkommen einsinken in dieses undurchdringliche sanfte Schimmern des
Rauchquarzes
und fühle dich darin vollständig beschützt in deinem

ICH BIN:

Ein versöhnlich stimmendes, rauchig schimmerndes Licht steigt wie zarter Nebel aus den Tiefen von Mutter Erde zu mir auf... Und auch aus den Weiten des Alls strömt es gleichsam zu mir, mich zu beschützen und zu behüten, wo immer ich bin...

So eingehüllt, fühle ich intensiv die Schwere meines körperlichen Daseins, zuweilen sanft, zuweilen auch unerträglich stark. Und während die aufsteigenden und zuströmenden Energien sich wie ein wärmender und schützender Mantel aus schimmerndem, dunklem Rauch um mich legen, stellt sich ganz zart auch innere Leichtigkeit ein. Das Licht des Rauchquarzes steigt unaufhörlich aus den Tiefen der Erde auf und hüllt mich so friedvoll ein, dass ich spüre, wie ich mich dem über mir sich verströmenden Frieden des Alls hingeben möchte.

So schwer scheint mir zuweilen das körperliche Dasein auf Erden, dass ich mich dem rauchigen Schimmern, welches alles je Erlebte und Erlittene nun für mich unsichtbar werden lässt, ganz und gar hingeben möchte. Mag dieses Licht auch mich selbst in sich aufnehmen. Ich gebe mich hin, ganz bei mir zu sein und abgeschirmt gegen jegliche Eindrücke von außen.

Ich sinke ein und öffne mich dem rauchigen Nebel, der dichter und weicher wird und mich nun auch durchflutet, erst fein und zart, dann stärker und tiefer, ganz in der Art, wie es mir angenehm ist.

So ausgefüllt, schwebe ich bald in einem scheinbaren Nichts aus liebevoll verhüllendem Rauch. Ich lasse mich treiben wie ein Nebel im All. In meinem ganzen Dasein lasse ich nach und nach los. Und etwas füllt mich innerlich weiter auf mit rauchig schimmerndem Nebel, der jede meiner Zellen fein berührt, umhüllt, liebkost und am Ende ausfüllt mit Vergessen und sanftem Loslassen von allem, was mich je beschwerte.

Ich sehe mich selbst in zärtlichen Nebeln auflösend wie ein sich ausbreitendes Meer aus verglühendem Sternenstaub. In einem All aus

Vergehen lösen sich alle in mir gespeicherten Bilder, Gedanken und Formen fortwährend und ohne, dass sie nun schmerzen, gänzlich auf.

Letztendlich löse ich mich selbst aus jeglicher Form und fließe als weicher, schimmernder, kosmischer Nebel in der Unendlichkeit. Jedes Teilchen in mir löst sich dabei in winzigen Lichtfünkchen aufleuchtend zu dem Sternenstaub auf, der sich unendlich ausbreitend in das All ergießt. Ich habe vollkommen losgelassen. Alles in mir und auch alles an mir ist frei beweglich, formlos und fließend. Ich bin frei, mich in unendliche Funken aufflammender Lichter zu zerstieben, wodurch ich mich selbst bald als undurchdringlichen Rauch erfahre, chaotisch und ohne jegliche Form.

Und ich ergebe mich dem Chaos, das ich selbst bin und das mich umgibt. Das Chaos scheint letztendlich in mir und im Ganzen als die einzige Wahrheit des lebendigen Seins zu existieren. Und doch, ausgerechnet in diesem Chaos nehme ich wahr: ICH BIN vollkommen da!

Über alles Erdachte hinaus: ICH BIN!

In jedem kleinsten Teilchen des Alls: ICH BIN!

Unendlichkeit: ICH BIN!

Langsam und doch spürbar stetig nehme ich in meinem Selbst, welches sich mir gleichsam als das All offenbart, eine sanft formende Bewegung wahr. Wie nach der Explosion eines Sternes, die alle Sternenmasse in feinste Partikel zerstiebt in das All schleuderte, ergibt sich eine neue Mitte. Und gleich der Geburt eines neuen Sterns in der Mitte meiner selbst sammle ich mich einer unsichtbaren, liebenden Ordnung gemäß vollkommen neu. In mir, dem All, beginnen die unendlich existierenden kleinsten Teilchen sich auf das neu in mir fühlbare Zentrum hin zu bewegen. Ich spüre kraftvoll, ich sammle mich ganz neu in meiner Mitte, mit einer das Chaos zu neuer Ordnung geeinten Kraft. Ich gebe mich der Sammlung hin. Etwas zentriert mich vollständig und vollkommener fühlbar als je zuvor.

Jedes Teilchen scheint seinen Platz zu kennen, in mir verbindet sich alles wie von wissender Hand geleitet zu einem leuchtenden Ganzen. Im Licht meines so geformten und gereinigten Selbst erfahre ich meine neue Form als weniger starr, dafür vollständig, beweglich, beglückend und lebendig.

Noch in der Formung befindlich, die ewige Quelle in mir und gleichsam in jedem mich umgebenden Teilchen spürend, das unendlich sich erneuernde Leben durch mich fließend empfindend, probiere ich mich sogleich aus. Ich bewege mich als das in Form gebrachte Licht, das ich bin. Und in der das ganze All in sich tragenden Form, in welche ich mich ergieße, fließe ich zu neuem, bewussterem, unbeschwerterem Sein.

Ich spüre,
ICH BIN der/die ICH BIN,
in ewiger Neuformung alliebenden Seins.
ICH BIN!

## Loslassende Vergebung

Im Licht des Rauchquarzes ist es möglich, nach schweren Verletzungen, tiefen Eindrücken, unmöglich zu verarbeiteten Emotionen und Traumata wieder in die eigene Mitte und Vergebung zu finden, ohne dabei alles schmerzhaft Blockierende direkt wahrnehmen zu müssen.

### *Abgespaltene Seelenanteile, Schmerz und Gnade*

Es gibt Zustände im Leben eines Menschen, auch von Völkern oder der gesamten Menschheit, die von einer solchen Schwere sind, dass die Seele im Körper nicht in der Lage ist, die Erfahrung zu verarbeiten, ohne in Gefahr zu geraten, sich zurückzuziehen. Es kommt dann oft zu einer Abspaltung von Seelenanteilen. Die im Körper verankerte Instanz der Seele schließt als Überlebensreaktion einen Teil der Seele von der bewussten Erfahrungswelt aus, um im Körper verankert bleiben zu können. Die Abspaltung von Seelenanteilen geschieht immer dann, wenn ein Mensch unbewusst glaubt, er müsste sterben, wenn er den schmerzenden Anteil bei sich behielte. Der Schmerz, der mit einer essentiell lebensbedrohlichen Erfahrung und nachfolgenden Abspaltung einhergeht, ist an diesem Punkt so unerträglich, dass eine Abtrennung die einzige Möglichkeit ist, das Leben im Körper zu halten.

Im Laufe der Entwicklung eines Menschen, für sich persönlich und im Gesamtgefüge der Menschheit, werden die abgespaltenen Seelenanteile nach und nach zurückerinnert, um sie wieder zu integrieren, da das Bewusstsein sich erweiternd wachsen möchte. Da jedes Erinnern an einen abgespaltenen Seelenanteil mit dem Ursprungsschmerz verbunden ist, bedarf es hier sanfter Hilfe und Begleitung, um den Prozess der Ganzwerdung in Gnade und ohne die als existenzbedrohlich erfahrenen Schmerzen in ihrer ganzen Intensität zu durchlaufen.

Im Licht und der sanften Umhüllung des Rauchquarzes hat der Mensch die Möglichkeit, die eigene Wahrnehmung so mit Gnade zu durchfluten, dass der Schmerz auf ein erträgliches Maß abklingt. Gefühle, welche durch das Abtrennungsereignis eingeschlossen wurden, kommen dadurch in Fluss. Jedes Gefühl, das eingeschlossen im Energiesystem eines Menschen lagert, muss im Laufe der Bewusstseinsentwicklung anerkannt und befreit werden, um als Lebensenergie zu fließen. Erst damit ist ein zuvor abgespaltener Seelenanteil vollständig integriert.

Im Zuge der Erdenerfahrungen für die Menschheit im Kollektiv wie auch für zahlreiche einzelne Seelen existieren viele unfassbar schmerzgeladene Situationen, welche dazu führen können, dass sich eine Seele vollkommen aus dem Körper zurückzieht, wenn der Schmerz erneut gespürt wird. Es ist jedoch so, dass die ursprüngliche Schmerzinformation den alleinigen Schlüssel zur Lösung enthält. Daher gibt es die Energie der Gnade, welche sich uns über den Rauchquarz erinnert. Von Gnadenenergie umgeben, erhält ein Mensch wie in einer schützenden Umhüllung die Schmerzinformationen erneut, um in sanft erfahrbarem Tempo oder auch allmählich Schritt für Schritt Integration und Heilung zu erleben. Im Licht dieses großartigen Heilerkristalls und der Energie der Gnade schafft es ein Mensch unvergleichlich viel leichter, seine Schatten aufzuspüren und seelisch neu zu integrieren.

Jedes Auflösen eines Schmerzes und die damit verbundene Integration von Seelenanteilen ist mit der Freisetzung von Gefühlen verbunden. Daher kann der Mensch, der im Licht des Rauchquarzes Heilung erfährt, einigen Gefühlsausbrüchen ausgesetzt sein, die er vielleicht nicht einordnen kann. Da es für die Heilung einfach darum geht, den Emotionen Raum zu geben und sie fließen zu lassen, ist es gut, sie einfach zu akzeptieren. Auch damit, den Verstand nicht überzustrapazieren und wissen zu wollen, was wie zusammenhängt, warum man gerade schreit, weint, wütend oder traurig ist, hilft der Rauchquarz liebevoll umhüllend, einfach geschehen zu lassen.

Der Rauchquarz ist in unserem Zeitalter wachsenden Menschheitsbewusstseins ein hochwichtiger Kristall. Besonders aus Rauchquarz bestehen für uns heute viele unterirdische Kristalle, zu bemerkenswerter Größe gewachsen. Es zeigen sich zudem einige, teilweise recht große Kristalle für unseren unmittelbaren Gebrauch.

Über seine heute hochwichtige Heilkraft hinaus wirkt Rauchquarz auf den ersten Blick oft eher unscheinbar. Dennoch, der Mensch, der ihn braucht, um einen sanften Schritt in seiner Bewusstwerdung gehen zu können, wird wie durch Zufall zu dem passenden Kristall oder auch an einen Ort geführt, an dem Rauchquarz unterirdisch wirkt.

Durch die Energie des Rauchquarzes wird dem Menschen die Gnadenenergie zuteil, die ihn daran erinnert, dass es einerseits die Energie der Gnade gibt, die ihm andererseits auch grenzenlos zur Verfügung steht. Es ist nicht immer alles erneut derart schmerzhaft zu durchlaufen, um heil zu sein. Dennoch steckt im Ursprungsschmerz der alleinige Schlüssel zur Wiedervereinigung von Seelenanteilen und Seelenessenz. Der Rauchquarz verhilft dem Menschen mit seinem Licht zu einem Blick in liebevoller Gnade auf sich selbst, während der ursprüngliche Schmerz sich in erträglicher Form zeigen darf. Rauchquarz regt an, die Emotionen fließen zu lassen, ohne von ihnen überwältigt zu werden.

So wie der Rosenquarz innere Liebe und Vergebungsbereitschaft fördert, schafft der Rauchquarz mit seinem Licht oft erst die Bedingungen dafür, dass schmerzgebundene Gefühle auftauchen dürfen, ohne den

Menschen zu überwältigen. Da die Prozesse der Bewusstwerdung von Gefühlen und der Integration von sehr schmerzhaft abgespaltenen Seelenanteilen schnell wechseln und sich gegenseitig bedingen können, bilden Rosenquarz und Rauchquarz ein besonders heilsames Paar. Die Energien beider Kristalle können gleichzeitig für ein und dasselbe Thema wirken, so dass der Mensch im Wechselspiel fürsorglicher Einhüllung und Abschirmung in der Lage ist, freiwerdende Gefühle liebevoll anzunehmen und fließen zu lassen. Rosenquarz und Rauchquarz eignen sich in Kombination gut als Schmuck und auch zum Heilen oder zum Energetisieren von Räumen und Orten.

### *Herz und Nieren, Sinnesorgane und Nervensystem*

In seiner Heilwirkung hat der Rauchquarz einen besonderen Bezug zu Herz und Nieren wie auch zum gesamten Sinnes- und Nervensystem.

Die Energie des Rauchquarzes berührt sowohl die äußeren Sinne, wie das Sehen, Hören, Riechen, Schmecken und Fühlen, als auch die Verfeinerung der inneren Sinneswahrnehmung. Im Licht des Rauchquarzes öffnet sich das große Feld der Gefühle in all seinen Facetten, während die Wahrnehmung gleichzeitig offener, freier und feiner wird. Das Nervensystem, welches im Körper anzeigt, welche Anteile integriert oder abgespalten sind, erfährt mit der Energie des Rauchquarzes eine Harmonisierung. Die Sinneswahrnehmung, die innere Wahrnehmung und die Funktion der Nerven selbst werden davon berührt. So können über die Heilung des Nervensystems sowohl organische Erscheinungen von Stress und Überreizung, sogenannte »psychosomatische« Störungen, wie auch Lähmungen und Taubheitsgefühle in Lösung gehen. Auch alle Störungen, die auf eine zu starke Ausrichtung auf die äußere Wahrnehmung hinweisen, wie Sehstörungen, unter verschiedenen Namen bekannte Ohrgeräusche sowie Geschmacks-, Geruchs- und Empfindungsstörungen.

Rauchquarz eignet sich über seine Wirkung auf das Nervensystem hinaus als besonderer Erlöser bei schweren Nierenerkrankungen und -versagen sowie damit verbundenen Störungen, wenn im Hintergrund schwere Schicksalsschläge im eigenen Leben oder in den Ahnenreihen den Lebensfluss blockieren. Gerade Menschen mit Nierenproblemen haben oft in sich und ihrem Familiensystem schwer lösbare und schwer aufspürbare Blockaden, welche die Energie der Gnade benötigen, um in Lösung gelangen zu können.

In seiner Eigenschaft, besonders die verdeckten Gefühle der Ahnenreihen in lösenden Fluss zu bringen, eignet sich ein Rauchquarz auch als Helfer bei schwierig verlaufenden Geburten, indem der Kristall im Raum sein darf, um der werdenden Mutter den Schmerz zu lindern und Hoffnung zu schenken.

Alles darf in Fluss gelangen: die Gefühle und die Liebe des Herzens, das Wasser und die Nieren sowie die Information über die Nervenbahnen. Je nachdem, auf welchen Bereich im Leben oder auf welche Organe im Körper sich eine Gefühlsblockade auswirkt, kann so manch anderer Kristall auf die Wirkung des Rauchquarzes aufbauen, um ganzheitliche Heilung zu ermöglichen. Daher lässt sich Rauchquarz gut mit weiteren Kristallen kombinieren, so beispielsweise mit Bergkristall, Amethyst, Citrin, Aquamarin, Fluorid oder Coelestin, um nur einige zu nennen.

Wie der Blick des Menschen nach einem wütenden Brand, der großflächig alles Leben zu vernichten schien, lange von Rauch und tiefhängenden Wolken getrübt wird, um nicht vor Kummer erblinden zu müssen, so hüllt der Rauchquarz alles so lange liebevoll abwartend ein, bis aus den niedergebrannten Wunden der Mutter Erde neue Keime erwachsen und das Grün des Lebens neue Hoffnung schenkt.

Die Energie des Lebens bleibt nicht weiter im Schmerz gefangen, sondern sie geht in der Hoffnung auf. So bereitet der Rauchquarz mit seiner so wertvollen und unnachahmlichen, wie eine Mutter umarmenden Liebe den Boden für den Fluss der Gefühle des Menschen. Ungehindert aus dem Herzen heraus im Licht strömend, verwandeln sich jegliche Emotionen zu wertvoller Kraft, die allein dem Leben zu dienen, sich veredeln.

# Reichtum und Macht der Gefühle

In jedem Gefühl, das du in dir trägst, ob du es ausdrückst, zurückhältst oder ob es durch Blockaden in deinem Familien- und Ahnensystem zurückgehalten wird, liegt wertvolle Lebensenergie.

Ein jedes Gefühl besteht aus einer gewaltigen Kraft, die wie ein Treibstoff der Seele dient, sich zu erfüllen und zu entfalten. Auf der Ebene der reinen Seele besteht kein Unterschied, wie ein Gefühl für dich gewertet wird, wie es heißt und ob es sich ausdrückt. In der seelischen Dimension besteht ein Gefühl aus reiner Energie.

Auf der Ebene deines Daseins auf Erden spielt es jedoch sehr wohl eine Rolle, ob und wie die in dir bestehenden Gefühle bewertet und ausgedrückt werden. Die Art, wie du mit den in deinem Energiefeld vorhandenen Gefühlen umgehst, bestimmt die Energie, welche für deine Seelenerfüllung zur Verfügung steht. Welchen Wert du deinen Gefühlen beimisst und ob du deine Gefühle frei fließen lässt oder sie in dir oder dich vor ihnen verschließt, wirkt wie ein Ventil zur Regulierung deiner Lebenskraft.

Schmerzvolle Gefühle, die eingeschlossen in deinem Energiefeld schlummern, bilden Blockaden, welche auf Dauer weitere, frei vorhandene Lebensenergie binden. Zusätzliche Lebensenergie wird gebraucht, um die weggesperrten Gefühle »sicher« unter Verschluss zu halten sowie gleichartige Gefühlsladungen, die dir durch das Gesetz der Resonanz zufließen, ständig abzuwehren.

Stell dir vor, jedes Gefühl, das du bei dir trägst, wäre eine Menge Gold in Form von Münzen, welche du ständig in einem Rucksack oder in Taschen und Koffern mit dir herumträgst. Das Gold steht dir zur freien Verfügung, wenn es durch dich in die Welt fließen darf, ganz besonders, wenn es für Handlungen oder Dinge verwendet wird, die dein Herz erfreuen. Wird das Gold allerdings zurückgehalten, so musst du es tragen. Dazu kommt, dass dir ständig Energie in Form von neuen Goldmünzen zufließt, um ausgegeben zu werden. Deine Rucksäcke und Taschen werden also immer schwerer.

Nun frage dich, wann es dir leichter fiele, das Gold auszugeben: Wenn du es als schlecht und schmutzig betrachtest oder wenn es für dich wertvoll ist?

Genauso steht es um deine Gefühle, sie sind in ihrer Ganzheit so wertvoll wie das Gold, das als wertvoll anerkannt ist. Deine Gefühle, alles, was du emotional wahrnimmst, möchte durch dich anerkannt werden und seinen Ausdruck in der Welt finden. Alle Energie möchte im Fluss sein.

Neuer Fluss entsteht nach einem Stillstand immer dann, wenn etwas, das zuvor als unvereinbare Gegensätzlichkeit blockierend wirkte, in ein anerkanntes Gleichgewicht kommt. Ein anerkanntes Gleichgewicht gibt beiden Seiten in der Dualität gleich viel Wert und lässt eine Mitte zu, in deren Zentrum die Gegensätze zur Ruhe finden. Jede ruhende Mitte ist ein Podest zum Aufstieg der Gesamtenergie in seine Veredlung.

Nimm Trauer und Freude. Wenn du nur die Freude liebst, welche die Trauer aus dem Leben verbannt, wirst du bald keine Freude mehr fühlen können. Gibst du der Trauer Raum, so kann auch die Freude sich zeigen. In der Meisterung beider Energien, wenn du in die goldene Mitte gelangst, erfährst du zunehmend inneren Frieden, einen Frieden, der sowohl Weinen als auch Lachen beinhaltet, zwei Gefühle, die sich nicht mehr ausschließen, sondern gemeinsam da sein dürfen. Die Energie der dauerhaften Freude inneren Friedens ist nicht vergleichbar mit der Energie, welche zwischen Freude und Trauer zu pendeln scheint. Der innere Frieden schenkt ein höheres, verstehendes Ganzes: Alles gehört zum Frieden dazu, nichts bleibt ausgeschlossen. So wie Freude und Trauer kannst du alle Gegensätze betrachten. Du darfst in jedem Gefühlsausdruck das Gegenteil suchen und die Polaritäten annehmen lernen, um dich selbst aus der blockierenden Dualitätsherrschaft in deine eigene Mitte zu erheben, durch deren Zentrum die gesamte Lebenskraft zu deiner Verwirklichung fließt.

Hast du jeweils die nächsthöhere Ebene eines dualen Gefühlsausdrucks erlangt, so steht dir innerlich eine potenzierte Kraft zur Verfügung, die in sich die Macht trägt, den Gefühlsreichtum als Manifestationsenergie zu nutzen.

Alles, was du in deinem Leben zu manifestieren wünschst, entspringt einer Inspiration, die zur Idee wird. Die frei in dir fließenden Gefühle sind dabei eine geballte Kraftstoffladung zur Verwirklichung, ganz gleich, ob es sich um Gefühle von Wut, Freude, Trauer oder Liebe handelt. Die Intensität der Gefühle bestimmt die Kraft. Erhebst du dich in Anerkennung jedes einzelnen Gefühls aus der Ebene der Dualität, verändert sich der Kraftstoff, er wird sozusagen veredelt.

Jede Gefühlsmeisterung bringt dir ein Potential zur Verwirklichung deiner Seelenwünsche auf einer Ebene, die dich aus der Dualität und der Herrschaft der materiellen Welt emporhebt. Du kannst in diesem Zustand eine emotional hoch geladene Wunscherfüllung absenden, die sich in der Ebene der Materie vielleicht bald verwirklichen wird, vielfach schneller als aus dem dualen Erleben abgesendet. Die Meisterebene bewirkt eine Vervielfachung deines Manifestationspotentials gegenüber der erfahrenen Dualität.

Spüre einmal hinein, was diese Informationen bei dir bewirken, und lass dich inspirieren, deine Gefühle als deinen Reichtum zu betrachten, wie deine Seele es tut. Für deine Seele ist jede Energie gleich wertvoll.

Und nun schau, wo du noch Goldmünzen versteckt hast, die in Umlauf gebracht werden möchten, um die tiefsten Wünsche deines Herzens zu verwirklichen.

## Die Nieren und der Fluss des Lebens

Die Nieren stehen als Paar für ein Gleichgewicht im Menschen, welches die Harmonie der Gefühlswelt zum Ausdruck bringt. Damit die Lebenskraft frei fließen kann und die Nieren in Balance arbeiten, braucht es den freien Fluss im Familien- und Ahnensystem und im Menschen selbst.

Bei einem spürbaren Zuviel an bestimmten Gefühlsenergien, welche durch ihre Unterdrückung innerlich überwältigend wirken, scheiden die Nieren zu viele Nährstoffe aus, die dem Körper somit nicht an Energie zur Verfügung stehen. Bei einem spürbaren Zuwenig an bestimmten Gefühlsenergien, was durch Engherzigkeit, Zurückhaltung oder auch Zaghaftigkeit geschieht, halten die Nieren zurück, was sie eigentlich loslassen sollten, um den Organismus zu entgiften und zu entlasten.

Die linke Niere hält in sich eher die Energie der weiblichen, empfangenden und intuitiven Kraft, die rechte die der männlichen, gebenden und erfahrenden Kraft. Beide Seiten möchten in Balance und gegenseitiger Anerkennung sein.

Über die Nebennierenrinde als Teil des hormonellen Botensystems erhalten die Nieren ständig Lebensimpulse aus der Seelenebene, welche an einem bestimmten Punkt in der Entwicklung des Menschen der Meisterung der Gefühlswelt zur nächsthöheren Ebene dienen. Viele Menschen stehen heute vor solchen inneren Herausforderungen.

Hält der Mensch die unbewussten Gefühlsblockaden in sich fest, wird der Impuls, der über die Nebennieren erscheint, teilweise oder auf Dauer abgeblockt. Die Folge ist ein stetiger oder auch anfallsartiger Druckaufbau, nicht im Einklang mit der Seele fließen zu können. Dieser Druck erscheint körperlich sehr häufig als Bluthochdruck, welcher zu Schädigungen des physischen Körpers über das Blutflussystem führen kann. Den Bluthochdruck über Eingriffe und Medikamente zu regulieren, löst nicht den seelischen Druck, der sich dann an anderer Stelle zeigt und auch das Herz selbst gefährden kann.

So wie Nierenversagen absolut existenzbedrohend ist, stellt eine Gefühlsblockade, welche die Nieren berührt, auch immer ein existenzbedrohendes inneres Erleben ähnlich einer Todesangst dar. Die Seele würde sich aus einem Körper zurückziehen, wo der Mensch ihr auf Dauer keine Möglichkeit zur Entfaltung bietet. Seelenerfüllung geschieht nur im Fließen, dazu bedarf es der uns innewohnenden Lebenskraft, welche sich in ihrer Ganzheit über die Annahme je beider Seiten unserer Gefühlswelt offenbart.

Eine vollständige Gefühlsblockade, wo nur bestimmte Gefühle zugelassen werden, während andere einem Tabu unterliegen, zwingt die Nieren spätestens in der nachfolgenden Generation in eine Unfähigkeit, ihre Funktion erfüllen zu können. Fließende Gefühle und die Aufhebung der Bewertung der Gefühle, welche gut sind und welche schlecht, bringt das ganze Wassersystem im Körper in Fluss, was dem Fluss der Seele und ihrer Erfüllung entspricht.

Da gerade der Fluss der Lebenskraft davon abhängig ist, wie er in unserer Familie durch unsere Vorfahren strömt, ist es meist unmöglich, bei schweren Nierenerkrankungen allein in sich selbst eine erklärbare Lösung zu finden. Für den Fluss der Nieren ist es wichtig, dass die Lebenskraft über unsere Vorfahren ausreichend zu uns fließen kann, da sich sonst eine unbewusste Stagnation einstellt. Das ist der Grund, warum Nierenerkrankungen als erblich gelten. Seelisch gut geführte Familien- oder Systemaufstellungen können hier Licht in das Dunkel der Ahnenreihen bringen, doch dies ist nicht immer möglich, und nicht immer fühlt sich Aufstellungsarbeit stimmig an.

Es gibt gleichwohl eine Möglichkeit, in sich selbst Heilung zu erfahren, ohne zu »wissen«, was zur familiären Stagnation des Lebensflusses führte. Die Lösung ist – unabhängig vom Wissen, was genau geschah und zu Gefühlsblockaden führte – das Fühlen aller Gefühle verbunden mit der Akzeptanz der jeweils »anderen Seite« der Gefühlsmedaille in einer aktuellen Situation. Eine Heilung von Nierenerkrankungen erfolgt so über ein großes Maß an Unbewusstem, indem einfach zu dem vorherrschenden Gefühl in einer Situation das tief verborgene, im Innern schlummernde Gefühl gesucht und ihm aus ganzem Herzen Akzeptanz geschenkt wird, bis sich dieses Gefühl bei dem Betroffenen selbst einstellen mag, um endlich gefühlt zu werden. Mit dem Fühlen kommt die Lebenskraft in Fluss, woraufhin die Nieren sich wieder zu voller Funktionsfähigkeit regenerieren können. Mit dieser Methode stellt sich auch die notwendige Anerkennung für die Vorfahren ein, bei denen der Lebensfluss ins Stocken geriet, was Heilung bis in die Ahnenreihen bringt. Rauchquarz und auch Rosenquarz sind hier wertvolle Begleiter.

## *Die Blase und die Harnwege*

Die Blase als das den Nieren nachgeordnete Ausscheidungsorgan sammelt alle von den Nieren aussortierten und in Wasser gelösten Stoffe, um diese loszulassen. Je besser die Nieren in ihrer Balance sind, um so leichter fällt es der Blase, ihre Funktion zu erfüllen. Kommen hier zu viele

Nährstoffe oder Giftstoffe an, so reagiert die Blase möglicherweise mit Reizungen, Entzündungen oder Verkrampfungen. Ein Festhalten oder ein unwillkürliches Loslassen können die Folgen sein. Möglich ist auch, dass auf eine einseitig erlebte Gefühlswelt zuerst die harnableitenden Organe, wie Harnleiter, Blase und Harnröhre, reagieren, bevor die Nieren in ihrer Funktion eingeschränkt werden.

Eine gesunde Blase signalisiert die Anerkennung und den Fluss der Gefühle, ganz gleich, in welcher Form. Die für den Fluss nötige Gesamtbalance wird in den Nieren überwacht. Die mit einer Blasenreizung angezeigten Gefühlsblockaden sind für einen Menschen immer im Hier und Jetzt greifbar und lösbar. Dauerhafte Blockaden der Nieren stellen eine Ansammlung von Familienthemen dar, welche über die Integration aller als gegensätzlich erscheinenden Gefühle eben oft eine Art Blindlösung im Vertrauen darauf benötigen, dass gut ist, was in Fluss kommt.

## Vom Herzen und den Nieren und emotionaler Intelligenz

Etwas »auf Herz und Nieren zu prüfen«, bedeutet im Grunde, nach der tiefen, unteilbaren, inneren Wahrheit zu suchen und diese anzuerkennen, der Wahrheit auf den Grund zu gehen, zu ergründen, ob etwas echt und ob ein Mensch ehrlich ist.

Authentisch, echt oder glaubwürdig zu sein, erfordert das Zulassen aller Gefühle. Menschen können bewusst und unbewusst unglaubwürdig erscheinen. Sensible Menschen, besonders Kinder, nehmen oft sehr genau wahr, ob ein Mensch sich so zeigt, wie er im Ganzen ist. Gerade kleine Kinder und Hochsensible reagieren mehr auf das Innere eines Menschen, was zumeist befremdlich erscheint, weil dem Betroffenen seine unterdrückten Gefühle nicht bewusst, da vielfach tief in ihm verborgen und nicht spürbar sind. Er ist dadurch nicht authentisch, doch er ist sich dessen nicht gewahr.

Unterdrücken Menschen Gefühle, die ihnen oder ihrer Umwelt nicht gefallen, weil sie als schlecht verurteilt wurden, entsteht ein Ungleichgewicht, welches sich in der Folge über Herz und Nieren ausdrücken und auch auf das Denkvermögen auswirken kann. Die beiden Seiten, wie die linke und die rechte Niere des Körpers, versinnbildlichen in der dualen Welt ein Paar von Gegensätzen, welches Harmonie anstrebt, um eine Einheit zu bilden. Das Herz bildet die Instanz, welche diese Einheit kennt.

Auch ein Ungleichgewicht zwischen Denken und Fühlen, Rationalem und Intuitivem stellt eine einseitige Belastung dar. Die Balance von Rationalem und Intuitivem, das innere Verbinden von Fühlen und Denken oder auch von rechts und links, also die Anerkennung der jeweils anderen Seite offenbaren des Menschen wahre Intelligenz. Intelligenz ist nicht allein abhängig vom Denken, Intelligenz erlangt erst mit dem Fühlen eine Qualität, welche wachsendem Bewusstsein entspricht. Wird eine Seite unterdrückt, kann auch die andere nicht wachsen.

Es herrscht heute oft die Meinung vor, allein Denken sei wertvoll. Nur zu denken, würde den Menschen auf eine Maschine reduzieren. Doch ein Mensch, der alles nach und nach den Maschinen überlässt, gibt auch seine Lebenskraft nach und nach ab und wird selbst zu einem leblosen Werkzeug. Erst über die reiche Welt seiner Gefühle erhebt sich der Mensch in seinem Denken über die leblose Technik und wird zum Schöpfer.

Ein oft gebrauchter Ausdruck für die Fähigkeit des Menschen, eine hohe eigene Denkfähigkeit in Verbindung mit dem Fühlen zu erlangen, ist die »emotionale Intelligenz«. Auf der Grundlage der Erkenntnis von dem mit Gefühl verbundenen Denken entwickelt sich der Mensch auf lange Sicht zu einer Nutzung seiner gesamten Gehirnkapazität. Diese Entwicklung geht des weiteren auch mit der bewussten Verknüpfung seines Bewusstseins mit dem anderer Menschen einher.

Mit solcher Vernetzung kommt der Mensch zunehmend mit der universalen Intelligenz in Kontakt, dem *all-einen, allumfassenden, höchsten Bewusstsein.* Er entwickelt sich selbst, in dem er dem Leben echte schöpferische Impulse schenkt.

Herz und Nieren bilden gemeinsam eine Dreiheit, welche als ein Sinnbild für die Heilige Dreieinigkeit gesehen werden kann. Während die Nieren zwei gegensätzliche Elemente bilden, welche erst ganz in ihrer Einheit schwingen, wenn der Lebensfluss durch alle Ahnenreihen und damit auch die Anerkennung eines jeden Menschen gegeben ist, bildet das Herz das *heilige Tor* zur Veredlung aller anerkannten Gegensätze im höheren Bewusstsein.

Einen Menschen »auf Herz und Nieren zu prüfen« bedeutet im Grunde auch, zu erspüren, ob dieser bereit und in der Lage ist, sich in sich selbst und zum Wohle der Menschheit weiterzuentwickeln. Es ist die emotionale Intelligenz, welche uns über ein Dasein als biologischer Roboter zum wahren Menschen erhebt und uns dem bewussten Sein öffnet.

Die emotionale Intelligenz bildet die Grundlage für ein Bewusstsein, welches die heute vielfach unsichtbaren Ursachen und Einwirkungen auf das materielle Leben wahrnehmen kann. So befähigt uns die emotionale Intelligenz zur Wahrnehmung und Nutzung der für das physische Auge unsichtbaren Energiefelder und Feldwirkungen, in denen wir existieren und uns bewegen. Und die angestrebte liebevolle Vernetzung der Menschen untereinander, welche die Menschheit insgesamt zu weitaus höherer Intelligenz führen wird, eröffnet uns noch weit mehr Ebenen der geistigen, die Materie erschaffenden und uns stets beeinflussenden Energien.

# Resonanzmagnetfelder

Resonanzmagnetfelder sind Energiefelder, welche einen Magnetismus mit einer bestimmten Polarität aufweisen. Die auf einer Ebene einander abstoßenden Pole strahlen jeder für sich durch die Gesamtheit ihrer Eigenschaften energetische Wellen aus, welche mit den Wellen der anderen Pole in Resonanz gehen. In den Bereichen, wo sich die Resonanzwellen mit denen eines Gegenpols überschneiden, entstehen je nach Art und Weise des Aufeinandertreffens Resonanzwirkungen in bestimmten Schwingungen. Jeder durch seine spezifische Resonanzschwingung bestimmte Bereich bildet wiederum einen bestimmten Raum für die Erfahrung des Lebens. Auf höherer Ebene bilden alle Pole durch ihre Entitäten, also die Gesamtheit ihrer Eigenschaften, eine Einheit. Die Pole existieren also über verschiedene Energieebenen gleichsam einander abstoßend wie auch sich gegenseitig anziehend.

Mutter Erde besitzt für unsere Wahrnehmung ein bipolares, also zweipoliges Magnetfeld, welches die Grundlage für das Leben auf der Erde zu sein scheint. Über die Dualität hinaussehend, erkennen wir, dass nicht der Magnetismus das Leben bewirkt, sondern etwas, das den Magnetismus erschafft. Jedem Magnetismus liegt eine geistige Ursache zugrunde, die aus ihrer ursprünglich unteilbaren Einheit heraus Entitäten erschafft, welche sowohl einander ergänzend als auch sich gegenseitig abstoßend wirken. Diese Polarität erleben wir in der Dualität der Erdenerfahrung unter anderem in Nordpol und Südpol, in dessen Resonanzwirkungen wiederum Lebensräume entstehen.

Wir Menschen sind multidimensionale Wesen und leben nicht nur auf der Erfahrungsebene der Dualität. Wir erfahren uns parallel auf vielen Ebenen, auf denen sich die erlebte Wirklichkeit aus je zwei oder auch mehr in einem Magnetismus wirkenden Entitäten bilden lässt. Wie in der Dualität zwei gegensätzliche Pole zu einem *höheren Ganzen* gehören, sind es in einer Trinität drei Entitäten und so weiter. Je mehr Entitäten, um so weniger fassbar ist dieser Magnetismus für einen in der Dualität verankerten Verstand.

Nicht nur der Mensch, auch Mutter Erde existiert multidimensional. Planet und Menschheit gehen gemeinsam in das Erleben höherschwingender Dimensionen, sobald die Reife zur Überwindung der dualen Erfahrung ein gewisses Maß erreicht hat, welches ausreicht, um Menschheit und Erde gemeinsam in Bewegung zu setzen. Diese Bewegung hat bereits begonnen. Und jeder Entwicklungsschritt, der Erde und Menschheit voranbringt, entspringt der potenzierten Reife aller Menschen, welche wiederum von der Reife jedes einzelnen Menschenherzens abhängt.

Jeder Magnetismus ist Ausdruck eines Energiefeldes, und jedes Energiefeld trägt in einer magnetischen Ausprägung in sich jeweils Mengen von Eigenschaften, die zu anderen Mengen von Eigenschaften anziehend oder abstoßend wirken können.

Das Magnetfeld der Erde wirkt in der Dualität, also ohne das Bewusstsein des höheren Ganzen, auf uns Menschen stark bipolar, also zweipolig. Und jede Veränderung im Magnetfeld der Erde berührt uns emotional und auch körperlich. Um den Magnetfeldbewegungen nicht hilflos ausgeliefert zu sein, ist es wichtig, sich einer bewussteren Wahrnehmung zu öffnen und sich entsprechend des universellen Gesetzes der Schwingung über die Materie zu erheben. Die Anerkennung dessen, dass alle Ursache wie auch der Ursprung der Materie geistiger Natur ist und dass zu allen Polen in höherer Schwingung eine Einheit existiert, ist eine Voraussetzung für eine erhöhte Wahrnehmung.

Die Schwingungen der im Magnetismus erzeugten Resonanzräume verkörpern in der Dualität auch die uns bekannten Frequenzen. Wir können in der Dualität Frequenzen messen und die Wirkung von verschiedenen Frequenzen auf das Leben wahrnehmen. Eine Frequenz bildet umgekehrt jedoch nicht die ganze Schwingung ab, sie stellt nur einen Blickwinkel auf eine Schwingung dar. Auch ein komplexes Frequenzbild stellt noch nicht die Abbildung der ganzheitlichen Schwingung dar.

Es ist in allem wichtig, dass wir unseren Blick erweitern, und uns der geistigen Ursache unseres Lebens bewusst werden, um Energien und

Felder sowie deren Auswirkung auf uns begreifen zu können. So können wir Energiefelder bewusst für uns nutzen, auflösen und über sie Neues erschaffen.

## Wahrnehmung der Energiefelder

Menschen, welche die Aura von Lebewesen sehen, Stimmungen klar wahrnehmen oder sogar Gedanken lesen können, bewegen sich in ihrer Wahrnehmung bereits auf der Ebene der Energiefelder. Auch Menschen, die Ohren- oder Kopfschmerz bekommen, wenn sie eine Weile mit einem Mobiltelefon am Ohr kommunizieren, vernehmen die Wirkung von Feldenergien, ebenso Menschen, die sich bewusst zu bestimmten Menschengruppen oder Orten begeben oder von ihnen fort. Tiere und Pflanzen sind weitaus stärker von Feldenergien geleitet als der Mensch, der sich viel mehr von der äußeren Erfahrungswelt der Sinne täuschen lässt. Ob sich ein Ameisenvolk einen bestimmten Platz für seinen Wohnsitz aussucht oder ganze Herden von Walen stranden und verenden, all diese Vorkommnisse beruhen auf der Wirkung von Feldenergien. Manche Wirkungen können über Frequenzmessungen teilweise erfasst werden, viele Phänomene jedoch nicht.

Nicht zuletzt bilden sich aufgrund der Feldenergien Landschafts-, Gesteins- und Kristallformationen. Vieles ist dem menschlichen Blick, der mehr auf die äußere Erscheinung gerichtet ist, verborgen.

Über alle graue Theorie, die nur einen Bruchteil der Wahrheit wiedergeben kann, eröffnet dir die Wahrnehmung deines Herzens und das Bewusstsein, ein geistiges Wesen zu sein, spürbar den Zugang zur ansonsten unsichtbaren Energiefeldebene.

Bereits deine Absicht, dich der Gefühlsebene und den mit ihr verbundenen Polaritäten und Ganzheiten zu öffnen, bildet einen ersten Schritt. Gefühle wirken auf uns Menschen im physischen Erleben stark polar, wie etwa Liebe und Hass oder Freude und Trauer. Und über unser Herz besitzen wir den Zugang zu der Ebene der höher schwingenden Feldenergien und damit zu dem *höheren Ganzen*, welches jeweils gegensätzliche Pole in sich zu einen vermag.

So lässt uns das Herz über das bewusste Erleben der Gefühle gezielt mit den Energiefeldern in Verbindung treten, welche unserem Seelenwohl dienlich sind. Es lehrt uns ebenso, Energiefeldern fernzubleiben oder uns von solchen zu trennen, welche nicht unserem Wohle dienen. Das Herz ist das Instrument, welches dich sicher durch die Welt des noch Verborgenen und Unsichtbaren navigiert – über dein Fühlen.

Im Herzen, das alle Dimensionen kennt, erklingt für jede Dimension deines Seins eine Saite, die dich am Klang der Gefühle erkennen lässt, wo und wie du deinem Herzensweg folgst, ob du ihm nah oder fern bist. Auch daher ist es für dein dauerhaftes Glück so wichtig, dir all deiner Gefühle bewusst zu werden und sie als Ausdruck wertvoller Lebensenergie zu schätzen.

Je mehr du dir deiner Gefühlswelt bewusst bist, um so mehr spürst du dein eigenes Energiefeld und erkennst die dich umgebenden Felder. Trägst du in dir viele unterdrückte Gefühle, so ist es schwierig, deine eigenen energetischen Feldwirkungen zu erkennen oder anzuerkennen, wie du anziehend oder abstoßend auf bestimmte Energiefelder wirkst. Die Folge dieser Unbewusstheit ist oft ein Empfinden von »blindem Umherirren« oder »Herumgestoßenwerden« von den Zufällen des Lebens. Der Eindruck, einer höheren Macht ausgesetzt zu sein, überlagert die Wahrheit, selbst machtvoll zu sein. Dennoch gehört diese Macht zu dir wie dein physischer Körper. Es ist deine eigene Macht, und sie wirkt permanent. Bewusst genutzt, wirkt sie für deine Ziele, unbewusst oft dagegen, aber insgesamt immer zu deiner Ganzheit führend. Im Zustand der Unterdrückung und Zurückhaltung von Gefühlen empfindest du diese Kraft wahrscheinlich oft als gegen dich gerichtet und wirst vielleicht versuchen, die Gegenkraft in etwas zu suchen, das »außerhalb von dir« existiert. Die Eigenmacht kann, wenn sie unterdrückt eingeschlossen ist, als autoaggressive Kraft wirken und sich auch in Autoimmunerkrankungen manifestieren.

Öffnest du dich wertfrei deiner Gefühlswelt, und wirst du dir deiner Eigenwirkung auf der Energiefeldebene bewusst, nutzt du zunehmend deine dir innewohnende Macht für dich.

Die Ebene der Energiefelder ist zwar nicht über einen unserer fünf äußeren Sinne allein wahrnehmbar, jedoch in ihrer Kombination und in Verbindung mit der höheren Instanz der Polarität, dem Herzen.

Wenn du in deiner Mitte ruhend alle deine fünf Sinne offen hast und aufmerksam siehst, hörst, riechst, schmeckst und körperlich fühlst, so eröffnest du dir innerlich ganz natürlich den Wahrnehmungszugang zu der bis dahin unsichtbaren Ebene der Felder und Hologramme. Die Wahrnehmung der Energiefelder erfordert deine Zentrierung und deine äußeren Sinne, die sich am Herzen ausrichtend nach innen wenden und so wahrnehmen, was ihnen im Außen verborgen bliebe.

Menschen, bei denen ein oder mehrere äußere Sinne körperlich nicht funktionieren, wie bei Blindheit oder Taubheit, leben oft eine verstärkte innere Wahrnehmung und reagieren von Natur aus viel sensibler auf Feldenergien als Menschen mit einer gesunden äußeren Wahrnehmung. Sinne, die im Erleben der äußeren Welt nicht funktionieren, sind energetisch immer vollständig vorhanden. Es ist auch möglich, dass Menschen mit einer Funktionseinschränkung äußerer Sinne wenig innere Wahrnehmung besitzen, besonders dann, wenn sie im Leid über eine fehlende oder funktionsgestörte äußere Wahrnehmung verharren und ihre Sinne im Schmerz abstumpfen. Selbst Menschen mit fünf ausgezeichnet funktionierenden Sinnen im Außen können gegenüber ihrer inneren Wahrnehmung vollkommen verschlossen oder blockiert sein, wenn die Instanz des Herzens nicht in die Wahrnehmung mit einbezogen wird.

Nach den körperlichen Empfindungen, welche in einem Feld zwischen Wohlgefühl und Schmerz pendeln können, sind die Gefühlsenergien am stärksten spürbar. Diese wiederum sind sehr viel intensiver wahrnehmbar als die mentalen oder Gedankenenergien. Es existieren weitere, noch feiner schwingende geistige Energien, welche du mit zunehmender Bewusstseinserweiterung erfährst.

Alle Feldebenen sind miteinander in Verbindung und niemals getrennt zu erleben, wenn auch nicht alle Ebenen immer spürbar sind. Die höher als die Materie schwingenden Feldebenen sind jedoch zunehmend erfahrbar und öffnen sich deiner Wahrnehmung in dem Tempo der dir jeweils möglichen Bewusstheit.

Als Teil der Menschheit wirst du gleichsam immer intensiver alle Energiefelder spüren, welche fern und nah Gruppen, Völker oder die ganze Menschheit betreffen. Alle Energiefelder wirken intensiv und zunehmend spürbar für dich, sobald sich dein Bewusstsein erweitert. Die

Entscheidung, Teil der Menschheit in einer bestimmten Raum-Zeit-Erfahrung zu sein, stammt genauso aus dir selbst, wie die Entscheidung, dich persönlich einer Erfahrung zu öffnen. Würdest du dich einer der ganzen Menschheit dienenden Entwicklung verweigern, würdest du dies in Form von Widerständen in deinem Leben genauso spüren, wie es der Fall wäre, stelltest du dich deiner eigenen Seelenentwicklung entgegen.

## Felder und Hologramme

In der Welt der Energiefelder existieren spezielle Feldformen, welche als sogenannte Hologramme in Erscheinung treten.

Felder allgemein sind Formationen von Informationsenergien, die verbunden als eine höhere Form der ursächlichen Informationsenergien existieren. Die neben der materiellen Erscheinung für uns Menschen am stärksten wahrnehmbaren Informationen, sind emotionaler und mentaler Natur. Die mentale Energie beinhaltet eine Zielsetzung und die emotionale Energie enthält die Kraft zur Bewegung in die Zielrichtung.

Es existieren einfache bis hochkomplexe Felder. Felder können über das Resonanzprinzip anziehend für neue zusätzliche Informationsenergien sein oder auch in sich satt und durch ihre innere Harmonie in gewissem Maße abgeschlossen.

Hologramme sind komplexe, in sich geschlossene Felder, welche durch Informationsenergien so vollständig gebildet wurden, dass sie sich als eher »informationsgesättigt« präsentieren. Hologramme besitzen durch ihre starke innere Harmonie eine hohe Stabilität. Damit tragen Hologramme in sich das Potential zur Manifestation auf tiefer schwingenden Ebenen wie der Materie. Ein Hologramm ist energetisch immer berührbar, subtil beeinflussbar und auch änderbar. Seine innere Harmonie ist das Maß der Stabilität. Stellt ein Hologramm seine innere Harmonie dauerhaft in Frage, so verliert sich die Stabilität, und das Hologramm ist auflösbar. Dies ist ein natürlicher Prozess.

Das Hologramm des Lebens, aus der ersten Ursache der Schöpfung geboren, ist in der höchsten existierenden Schwingung erschaffen und besteht in vollkommener Harmonie als das stabilste Hologramm überhaupt.

Alles, was auf dich wirkt, besteht ursächlich auf der Ebene der Energiefelder. Manche Felder wirken stark auf dich und andere wiederum schwächer, manche subtil, andere grob. Das, was dich besonders berührt, besteht ursächlich auf der Ebene der Energiefelder als Hologramm.

Auch deinem physischen Körper liegt ein Hologramm zugrunde, welches wiederum einer tieferen Ursache entspringt. Die Ursachen der Ursachen lassen sich zurückverfolgen bis hin zur ersten Ursache allen Seins, der *einen Quelle von allem, was ist*, die nicht benannt oder erfasst werden kann und aus der du ursächlich hervorgehst.

Das Hologramm des Lebens deines menschlichen Körpers ist die sogenannte Blaupause deines körperlichen Daseins und beinhaltet alles, was du zu einem Leben in diesem physischen Körper je benötigst. Dein Hologramm des Lebens besteht aus vielen Ebenen komplexer Informationen, welche ihren Ursprung auf der nächsthöher schwingenden Ebene deines Seins haben und diese wiederum auf der nächsthöher schwingenden Ebene und so weiter. Die gleichsam existierende ideale Blaupause ist durchgehend mit der *ersten Ursache*, der Quelle, in Harmonie. Sie existiert dynamisch in multipler Polarität zu allen Hologrammen deines Daseins. Jede Blaupause befindet sich durch dein unmittelbares Erleben und deine Entwicklung in Veränderung, während sie stets in Polarität zur idealen Blaupause existiert. Alle Blaupausen existieren in Polarität zueinander und zu ihrem Ideal, sind von einander verschieden und einander abstoßend sowie gleichsam eins. So entstehen die Lebensräume zur Erfahrung deines Selbst als multidimensionales Wesen.

Weicht ein Mensch durch den Irrtum der äußeren Erfahrungswelt stark von seinen inneren Idealen ab, was nicht nur durch eigenen Irrtum (direktes Karma) sondern auch den vorangegangener Generationen (Familienkarma) in der Ahnenreihe geschieht, so erkrankt der Körper aufgrund fehlender Harmonie. Vererbte Irrtümer erscheinen als chronische und ererbte Krankheiten. Eigens erfahrene Irrtümer wie auch alle Versuche, zu heilen und in Harmonie zu gelangen, erscheinen als akute Erkrankungen.

Durch die bewusste geistige Verbindung der Physis mit der idealen Blaupause kann mittels starker und klar ausgerichteter Harmonisierungsenergien wie Licht und Klang Heilung angeregt werden. Dies ist eine Grundlage geistigen Heilens, welches sich über das Wasserelement im Körper manifestiert. Je höher du dich in deinem Ideal ausrichtest, um so größer und schneller sind die Schritte deiner Entwicklung und Heilung.

Nicht nur dem Menschen, sondern jeder Form in der äußeren Erfahrungswelt liegt ein Hologramm zugrunde. Doch nicht zu jedem Hologramm existiert auch eine physische Form. In der für die meisten Menschen heute nicht sichtbaren Dimension der Energiefelder existieren unzählige Formen von vollständigen Hologrammen bis hin zu Feldfragmenten. Allesamt wirken diese Energien je nach ihrer Stabilität mehr oder weniger auf das Leben ein, mit und ohne physische Manifestation und egal, ob für dich wahrnehmbar oder nicht.

Viele Menschen sind heutzutage weit davon entfernt, Feldenergien wahrzunehmen und halten vielleicht sogar sensibel wahrnehmende Menschen für »verrückt«. Es ist dem für das feinere Empfinden verschlossenen Menschen heute nicht bewusst, dass er unter dem Einfluss von Feldenergien steht, dennoch tut er es stets und ständig. Oft ist auch das unbewusste und nicht fassbare Erleben von Feldwirkungen oder das Abstumpfen gegenüber Wahrnehmungen Grund für Spekulationen. Es wurden in der Geschichte der Menschheit viele Annahmen über die Natur der Dinge zu Naturgesetzen erklärt, wenn Feldenergien nicht erklärbare Wirkungen gezeugt haben. Nicht Fassbares wird zuweilen als Unfall oder Zufall, als Ufo oder Spontanheilung erklärt, um den Verstand in einer Ruhe zu halten, welche er mangels Bewusstseinserweiterung noch benötigt. Die zu Gesetzen erhobenen Annahmen existieren dann so lange, bis sie in höherem Bewusstsein widerlegt werden, ähnlich der überholten und einst zum Paradigma erhobenen Ansicht, die Erde sei eine Scheibe.

Alles, wofür der Mensch noch keine rationale Erklärung findet, wird sich so lange im eigenen Feld bemerkbar machen, bis eine Erklärung gefunden oder die Bereitschaft zur Erweiterung der Wahrnehmung gegeben ist. Die Öffnung des Bewusstseins eines jeden einzelnen Menschen spielt dabei für die Bewusstseinserweiterung der ganzen Menschheit auf Mutter Erde eine Rolle. Jeder wirkt auf seine Weise an seinem Platz für das Ganze.

Alle bestehenden Energiefelder und Hologramme sind wirksam, unabhängig vom Bewusstseinsgrad des Betrachters und der Wahrnehmung in der Materie.

## Einheit, Anziehung und Abstoßung

Energiefelder, die für uns bis auf die physische Ebene wirksam sind, besitzen auf der emotionalen Ebene zwei entgegengesetzte Pole sowie die Einheit, den sogenannten Raum der Mitte. In der alleinigen Anerkennung der materiellen Welt, wo ein Leben als endlich und durch Geburt und Tod begrenzt erscheint, ist das *höhere Ganze* nicht erkennbar, sondern nur die Gegensätzlichkeit der Pole. Im physischen Erleben fehlt die Wahrnehmung des höheren Raumes der Mitte einer Polarität.

In der Wahrnehmung der Dualität erscheinen die gegensätzlichen Pole als einander abstoßend. Jeder Pol wirkt auf ähnliche Energien anziehend sowie auf Energien ähnlich denen des Gegenpols abstoßend. Es wirkt das Prinzip der Resonanz. Der Ausspruch »Gleich und Gleich gesellt sich gern« findet hier seinen Ursprung.

Auf der nächsthöheren Wahrnehmungsebene ist der Zusammenhang der gegensätzlich erscheinenden Eigenschaften erkennbar. Hier entspringt der in der Dualität gegensätzlich klingende Ausspruch »Gegensätze ziehen sich an«. Auf der der Materie übergeordneten Ebene der emotionalen Wahrnehmung, die jeder Mensch über sein Herz erfahren kann, werden die höheren Einheiten in allen paarweise auftretenden Gegensätzen erfahrbar. Alle Gegensätze erscheinen hier bereits als »zwei Seiten ein und derselben Medaille«.

Kein Mensch kann je ein *höheres Ganzes* erkennen, wenn er die eine Hälfte des Ganzen ausschließt. Trauer abzutun, um nur Freude zu erfahren, oder Wut zu unterdrücken, um scheinbar überall Liebe zu zeigen, sind Ausdruck davon, dass der Mensch sich noch nicht des *höheren Ganzen* bewusst ist. Die Meisterung der Gefühlsebene bewirkt gleichsam die Überwindung des dualen Systems im Menschen selbst, indem die Gegensätze in ihrem Zusammenhang erkannt werden und das *höhere*

*Ganze* zur inneren Wahrheit führt. Lediglich »gute Menschen« zu lieben, während »schlechte Menschen« abgelehnt oder gar gehasst werden, diese Einstellung entwickelt sich in der Meisterschaft am Ende zu reiner Nächstenliebe, die keine Urteile mehr kennt.

Ist der Mensch bereit, alles an sich selbst und damit auch am anderen zu akzeptieren, wird er wahrhaftig *wahr*-nehmend. Er erkennt das Wertvolle in jeder Begegnung und in jedem verborgenen Gefühl. In dieser Anerkennung von je zwei Seiten einer Medaille verwandelt sich diese in eine Auszeichnung, welche von vorn wie hinten besehen wertvoll ist.

Das *höhere Ganze*, in welchem das Herz bereits schwingt, wird sichtbar, sobald der Mensch sich über die Dualität erhebt, ohne sie zu zerstören, sondern indem er sie als Erfahrung im Ganzen annimmt. Materie vergeht nicht, indem sie abgelehnt oder überwunden wird. Der Mensch verfeinert sich in seinem ganzen Wesen, indem er sich über die Wahrnehmung der Materie erhebt, und er bringt, ist es sein Wunsch, veredelter Materie sogar erhöhte Stabilität in Zeit und Raum. Jede Stabilität wurzelt in innerer Harmonie, welche sich auf der materiellen Ebene in anhaltender Gesundheit und Wohlergehen sowie bei Manifestationen in hoher Beständigkeit ausdrückt.

Die Meisterung der Gefühlsebene bedeutet, eine Bewertung in »wertvoll« und »mangelhaft« fallenzulassen. Bestehender Wut Raum zu geben, bedeutet nicht, zerstörerisch zu sein. Wut kann in kreative Kraft gewandelt werden, sobald sie ihre Anerkennung findet. Trauer löst sich im Fließen der Lebenskraft auf. Hass entpuppt sich im Erkennen als Wahrnehmung von Widerständen, welche im Innern zu meistern sind, um vollkommener in der bedingungslosen Liebe aufgehen zu können.

Hat der Mensch die Ebene seiner Emotionalität gemeistert, sieht er sich in seiner Entwicklung vermehrt auch der Meisterung der mentalen Ebene gegenüber. Beide Entwicklungen geschehen ineinandergreifend sowie parallel. Die bewusste Erfahrung der emotionalen Ganzheit wirkt sich immer auf die mentale Ebene aus.

Die Ebene der Gedanken ist feiner als die der Emotionen, jedoch stark mit ihnen verbunden. Wirkkraft, Anziehung und Abstoßung sowie die damit einhergehende Zielrichtung sind abhängig von den begleitenden Gefühlen. Es kommt nicht darauf an, welcher Art das begleitende Gefühl ist, sondern wie kraftvoll. Ein mit starker Angst begleiteter oder mit enormer Wut ausgesendeter Gedanke hat eine große Wirkung, ebenso ein Gedanke, der mit Vorfreude erfüllt ist.

Gedanken sind Energieformen, welche durch die begleiteten Gefühle in Schwingung geraten, um sich zu bewegen: in eine Richtung, in eine Formation, in eine gewisse Kraft. Gedanken existieren und berühren dich, sie können in dir verfeinert oder transformiert werden sowie dich unbewusst überwältigend beschäftigen und damit Feldern dienen, welche du bewusst vielleicht gar nicht nähren würdest.

Dein Herz kann dir zeigen, welche Gedanken deinem Wohl entsprechen. Dein Herz leitet dich, sowohl solche Gedanken, die deinem Wohl nicht dienlich sind, emotional loszulassen, als auch jene Gedanken, die du mit deinen Gefühlen nährst, bewusst auszuwählen. Nach dem Gesetz der Resonanz wirken Anziehung und Abstoßung stets, egal ob es dir bewusst ist oder nicht. Über dein Herz erhältst du den bewussten Zugang zu deinem eigenen Emotionalfeld und damit zu den Resonanzmagnetfeldern.

Stabile Resonanzmagnetfelder, die du erschaffst oder auch nährst, bilden die Grundlage zur Erfüllung und Manifestation in deinem physischen Erleben. Und während deine Gefühle den Treibstoff liefern, welche über die Einheit des Herzens eine machtvolle Dimension erreichen, bildet dein Verstand durch die Auswahl der Gedanken die richtungsweisende Instanz zu deiner Erfüllung.

## Nervennetz, Gehirn und Wahrnehmung

Alles materiell erscheinende Leben entspricht einem Hologramm, welches als Resonanzmagnetfeld wirkt und als Ursache des physischen Lebens wirkt.

In der embryonalen Entwicklung zum Menschen bildet sich zuerst eine einheitliche höherdimensionale Kugelform, die den Puls des Lebens in sich trägt und nach außen hin beginnt, in Form von Zellen den Spiegel des inneren Ideals zu erzeugen. Am Ende dieses Stadiums, welches wie das Wachstum einer fünfdimensionalen Blume des Lebens erscheint, offenbart sich ein langsamer schwingendes Resonanzmagnetfeld, welches eine Dreieinigkeit in sich hält. Es beginnen sich die drei Ebenen des menschlichen Seins körperlich herauszubilden, welche stets miteinander verwoben und in lebendiger Wechselwirkung bestehen. Wie bei einem Keimling erwachsen aus der ursprünglichen Einheit drei Entitäten, sogenannte Keimblätter, die jeweils die Qualität eines Wesensmerkmals der menschlichen Erscheinung repräsentieren.

Jedes der drei Keimblätter entspricht wiederum einem noch etwas langsamer schwingenden Resonanzmagnetfeld. Aus einem der drei Keimblätter heraus entwickelt sich das menschliche Wahrnehmungs- und Ausdruckssystem, welches die Grundlage von Gehirn und Nervennetz bildet. Der Ursprung des Nervensystems besteht zuerst aus einer Art Rohr. Durch Polarisierung von zwei Entitäten an den Enden des Lichtrohrs, wird erneut ein Resonanzmagnetfeld erschaffen, welches wie Himmel und Erde verbindend einen kraftvollen Kanal des Lichts für das physische Leben entstehen lässt. Am oberen Ende des Rohrs formt sich eine Art zentrale Sammlung von Wahrnehmungsinstrumenten für den Austausch mit dem ursprünglichen Sein. Es formt sich auch eine Art Wurzel am unteren Ende des Rohrs zur Verankerung und dem Energieaustausch mit den Dimensionen des irdischen Seins.

In der weiteren Entwicklung des in sich bereits dual polaren Lichtkanals ergeben sich, durch weitere duale Polarisierungen, Differenzierungen und Verfeinerungen zur Ausprägung der Wahrnehmungs- und Ausdrucksorgane für die physische Welt.

Aus dem Lichtkanal erwachsen zu allen Seiten hin, sich ausstreckenden Fühlern gleich, Lichtkanälchen, die sich im entstehenden Gewebe ausbreitend und erkundend weiter und weiter verfeinern und verzweigen. Aus dieser Entwicklung heraus entsteht das gesamte Nervennetz des Menschen im Einklang mit dem ursprünglichen Impuls zur Menschwerdung und mit allen Instrumenten entsprechend des kosmischen Planes, der multidimensionalen Blaupause, zur Verwirklichung seiner Seelenessenz in diesem Lebenszyklus.

Die Essenz der Nerven, welche sich auf energetischer Ebene als Licht offenbart, verdichtet sich in den tieferen Ebenen des entstehenden physischen Körpers zu einer Art Fluid, welches in kompakter Form flüssig erscheint, wie der Liquor. In verfeinerter Form der einzelnen Nervenbahnen fließt das Fluid jedoch so zart, dass es dem Betrachter eher als fest erscheint. Dennoch handelt es sich bei allem, was das Nervennetz bildet, um eine hochschwingende Substanz, die einem leuchtenden Fluid kosmischen Ursprungs gleich in der Lage ist, Licht zu vollkommenen organischen Reproduktionen zu wandeln. Dies ist daran erkennbar, dass sich in einem Menschen je nach geistiger Ausrichtung nach Unfällen verletzte Bestandteile der Nerven schnell und vollständig regenerieren, wie es ihre Art ist.

Das Gehirn als eine hochkonzentrierte Verdichtung und Vernetzung sowie Schaltzentrale des gesamten Nervennetzes besitzt in Bezug auf die Lichtinformationen des Fluids zusammenführende, empfangende, analysierende, sendende und ausbreitende Eigenschaften in konzentrierter Form. Jeder Anteil des Nervennetzes besitzt dieselben Eigenschaften wie das Gehirn. Das Gehirn besitzt aufgrund der konzentrierten Vernetzung eine wesentlich höhere und komplexere Leistungsfähigkeit.

Im Nervensystem offenbart sich uns ein Instrument, mit dessen Hilfe der Mensch sich selbst und seine Umwelt wahrnehmen kann. Mit seinen zentralen und dezentralen Funktionen dient es gleichsam der Analyse der Sinneseindrücke sowie der weiteren Verarbeitung oder der Zurückweisung der ankommenden Informationen.

Die menschliche Wahrnehmung beinhaltet die innere oder Selbstwahrnehmung sowie die Wahrnehmung der gesamten als das Außen erfahrenen Umwelt. Zur Umwelt zählen die anderen Menschen, die Natur, alle Wesenheiten und Energien. Das gesamte äußere Umfeld bildet einen Spiegel und Gegenpol zum inneren Sein. Im Grunde erfolgt die vollkommene Selbstwahrnehmung eines Menschen, jede Facette seines Seins zu erfahren, in erster Linie über seine Umwelt, um später vollständig in das bewusste Selbst integriert werden zu können.

Die Wahrnehmung läuft bewusst und unbewusst ab. Ziel eines jeden Menschen ist die bewusste Anerkennung von allem Leben und allen Beziehungen bis hin zur Erkenntnis der Vollständigkeit und ewigen Unendlichkeit des eigenen Selbst.

Wie alles immer bestrebt ist, sich in ein Gleichgewicht zu bringen, so setzt das Nervensystem alles daran, in sich selbst und mit der Umwelt in

Harmonie zu schwingen, einer Harmonie zwischen Innen und Außen, Oben und Unten, Rechts und Links, Himmel und Erde.

Alle Information, die in den Organismus einfließen, aus ihm herausfließen oder durch ihn hindurchfließen, müssen durch das Nervensystem zwingend in Harmonie gebracht werden. Gelingt dem Nervensystem diese Balance an irgendeiner Stelle nicht, so kann es hilfsweise Blockaden im physischen Körper erschaffen, so dass alles andere in einer Harmonie schwingt.

Im Notfall, um eine Grundharmonie des Lebens zu erhalten, kann das Nervensystem den Organismus in großen Bereichen oder sogar komplett blockieren. Jede Einzelblockade wirkt wie ein kleiner elektrischer Kurzschluss, der die Funktion des Gesamtsystems retten soll, indem er einen Teil der Funktionalität ausschließt, die sich nicht in eine innere Harmonie integrieren lässt. Komplettblockaden führen zum physischen Tod des Organismus, bei dem das Energiefeld Körper wegen Instabilität zerfällt.

In der Funktion des Nervensystems ist eine Ähnlichkeit zum Abspalten von Seelenanteilen zu erkennen. Ein Seelenanteil wird abgespalten, um das Leben im Körper zu erhalten. Ein Teil des Körpers wird vom Nervensystem in der Wahrnehmung abgeschaltet, wenn dessen Integration nicht in Harmonie gebracht werden kann und es sich lebensbedrohlich auswirkt. Die heilsame Wirkung des Rauchquarzes berührt neben der Gefühlswelt daher insbesondere auch das System der Nerven und der Wahrnehmung.

Das Nervensystem empfängt Signale zur Weiterleitung und Umsetzung von den Sinnesorganen, die jegliche Informationen einfachster und hochkomplexer Art aufzunehmen in der Lage sind, wobei innere und äußere Wahrnehmung wiederum eine Polarität bilden. Der Mensch besitzt fünf Sinne, welche die energetischen Reflexe der äußeren Erfahrungswelt in Form von Licht, Klang, Geruch, Geschmack und tastbarer Form aufnehmen können. Zu allen diesen äußeren Sinnen existieren im Menschen innere Gegenpole, welche das ursprüngliche Licht empfangen. Je nach Offenheit und Entwicklung des Menschen individuell oder im Kollektiv ist die innere Wahrnehmung mehr oder weniger bewusst ausgeprägt.

Werden über die äußeren Sinne Reize empfangen, welche vom Nervensystem nicht harmonisch im Einklang mit der Wahrnehmung der inneren

Sinne verarbeitbar oder speicherbar sind, also in der gegenwärtigen Entwicklungsstufe nicht in eine Harmonie zum Gesamtsystem gebracht werden können, so kann das Nervensystem an diesen Organen Störungen hervorrufen. Solche Störungen sind Blockaden, denen eine Unstimmigkeit in der Wahrnehmungsverarbeitung zugrunde liegt, nicht in der Aufnahme der Wahrnehmung selbst.

Blindheit oder Fehlsichtigkeit kann in bestimmten Fällen dadurch kuriert werden, dass eine bestehende Blockade des Nervensystems aufgehoben wird, welche für die Ausschaltung oder Verminderung der Sehkraft verantwortlich ist. Die physische Heilung der Augen folgt der Blockadelösung natürlich nach. Im Grunde erfolgt jede Heilung an unseren Sinnesorganen durch Balance der inneren und äußeren Wahrnehmung. Dies ist auch dann so, wenn eigentlich Verletzungen der Sinnesorgane zugrunde liegen, da die Verletzungen bereits ein manifestierter Ausdruck der Unvereinbarkeit von innerer und äußerer Wahrnehmung sind.

Das feine Netzwerk der Nerven, Empfänger, Sender, Schaltungen und Verzweigungen gibt uns über seine Verknüpfungsmöglichkeiten eine Vorstellung davon, wie hoch die Kapazität unserer Wahrnehmung in voller Funktion wäre. Das Nervennetz offenbart aus sich heraus, dass der Mensch im Grunde ein Wesen der Vernetzung ist. Der Mikrokosmos des feinen Netzes der Nerven sowie deren höhere Konzentration durch Verknüpfungen im Gehirn lässt uns lediglich erahnen, was eine Vernetzung zwischen mehreren oder sogar allen Menschen in liebevoller Absicht bewirken kann, zu welchen Leistungen der Mensch fähig ist, sobald er diese Vernetzungen bewusst für höhere Ziele nutzt.

Das Nervensystem ist ein Werkzeug zur äußeren Erfahrung der inneren Ausrichtung, zur Analyse und Synthese, um im Einklang mit dem Herzen über Verständnis zur Ganzheit zu streben. Mit den Sinnesorganen und der Haut aus dem äußeren Keimblatt hervorgegangen, besteht das Nervensystem vielfach dual polar. Es dient gleichsam in der Dreieinigkeit der Keimblätter als Gegenpol zum mittleren Keimblatt, aus dem unter anderem Herz und Nieren hervorgehen sowie zum inneren Keimblatt, dem die Verdauungs- und Ausscheidungsorgane entspringen.

Die Entitäten jeder Ebene in einem Resonanzmagnetfeld bilden zusammen eine höhere Einheit, welche in weiteren Energiefeldebenen wirkt, die kaum fassbar sind. Allein die verschiedenen ineinandergreifenden Feldebenen des menschlichen Organismus entziehen sich der verstandesmäßigen Abbildung. Möglicherweise ist der menschliche Verstand erst mit weiterer Vernetzung in der Lage, über die Resonanzmagnetfelder der Dualität und Trinität hinaus Verständnis zu entwickeln.

Mag die Energie des Bergkristalls uns nun führen, Ursprung und Mitte des eigenen Hologramms des Lebens zu erfahren, um über das derzeitige Wissen hinaus in Hingabe an das *höhere Selbst* wahrzunehmen, welche Kraft und welche Klarheit sich im Innern offenbart. Dies bringt dem Verstand neues Wachstum und eine Offenheit für die Vernetzung.

# Bergkristall

*Empfangen in Begleitung der Energien von Metatron, Erzengel Gabriel und den Engeln und Meistern des kristallweißen Initiationstrahls sowie Serapis Bey*

Fühle den Boden unter deinen Füßen
und nimm dich mit deinem physischen Körper auf Mutter Erde fest verankert wahr.
Spüre deinen Atem, wie er dich stetig erfüllt und wieder loslässt.

Lass dich atmen!

Fühle nun deinen Kopf und ganz intensiv die Kopfhaut an deinem Scheitel.
Stell dir vor, wie mit jedem Einatmen Licht aus dem Kosmos zu dir und durch deine Kopfhaut hereinströmt, dich vollkommen bis zu deinen Fußsohlen ausfüllt und
durch deine Fußchakren in die Erde fließt.
Beim Ausatmen fließt das Licht aus der Erde zu dir zurück, durchströmt dich und fließt über deine Kopfhaut wieder in den Kosmos.

Lass dich durch deine Kopfhaut im Licht atmen!

Während das Licht des Lebens wie der Atem beständig ein- und ausströmt,
lass dich mit jedem Atemzug tiefer auf deine eigene Mitte ein.
Sinke tief in dich ein, während du dir über deine Fußsohlen und über deinen Scheitel
der Verbindung zur Erde und zum Kosmos bewusst bleibst.

Kristallklares Licht klärt nun nach und nach den ganzen Raum
und hüllt dich ein.
So erkenne dich im Licht des
Bergkristalls
und sieh dich klar in deinem

ICH BIN:

Stille und Klarheit hüllen mich ein, als würde ich, nur vom Licht und Sternenglanz des weiten Kosmos umgeben, als einziger Mensch auf der Erde stehen. Alle Schleier und Lichtspiegelungen verschwinden allmählich, bis ich nur noch mich selbst im endlosen Kosmos und gleichzeitig mit beiden Füßen fest auf der Erde stehend wahrnehme. Alles um mich her erscheint kristallklar, so als könnte ich mit meinen physischen Augen bis in die Unendlichkeit klar und deutlich sehen. Ich fühle, worauf ich mich fokussiere, wohin meine konzentrierte Aufmerksamkeit geht, dort bin ich sogleich. So schaue ich mich um und erkunde ein wenig das All.

Dann nehme ich wieder meinen Blick zu mir selbst und schaue zu, wie ich ganz konzentriert in meiner Mitte ankomme.

Ich spüre meine Mitte vollständig und nehme von hier aus das All wahr... Da erscheint ein kristallklares Licht aus den Weiten des Kosmos. Es nähert sich mir und bündelt sich im Heranfließen zu einem gewaltigen Lichtstrahl, welcher konzentriert auf mich herunterleuchtet und mich zärtlich am Scheitel berührt.

Dieses Licht erscheint mir unendlich machtvoll, wie ein überdimensionaler Laserstrahl von urgewaltiger Kraft und fühlt sich dabei so zart an, als wäre es nur ein feiner Lufthauch, welcher mich sanft am Kopf segnend berührt.

Dann spüre ich, wie das gewaltige Licht im Rhythmus meines Atems durch meine Kopfhaut in mich hineinfließt und meinen Körper vollständig von oben bis unten durchströmt. Mit jedem Einatmen werde ich intensiver und tiefgreifender von diesem Licht erfüllt, bis das Licht sich durch meinen Damm und beide Fußsohlen nach unten in die Erde ergießt und von hier in einem starken Strahl blitzschnell tief in das Zentrum der Erde wandert.

Das kristallweiße Licht verschmilzt mit dem Herzlicht der Erde als meinem tiefsten Erdenchakra und fließt von hier aus ebenso schnell wieder nach oben bis hin zu meinem eigenen Herzen.

Ewig fließt so das kristallweiße Licht der Klarheit, der Reinheit und Erneuerung durch meinen Scheitel in mich und zum Erdenherz wie auch zurück zu meinem Herzen, wo sich alle Lichtflüsse zu sammeln scheinen.

Und ich erkenne in diesem Fluss, der mich reinigend und segnend zu taufen scheint, das Licht in mir selbst, welches meinem Herzen entspringt und mich ewig durchströmt.

Wie geblendet von dem sich immer stärker konzentrierenden Licht, das nun vollkommen klar in meinem Innern ist, erfahre ich es als wohltuend, meine Augen geschlossen zu halten. Es ist mir, als würde gleißend helles Licht meinen ganzen Körper von innen her durchleuchten, aufgefüllt so weit, dass wohl mehr Licht nicht ginge. Das Licht fühlt sich wie Hitze an, die dennoch sanft kühlend wirkt, und zugleich wie Kälte, die zu brennen imstande ist. Dieses Licht ist kraftvoll und bedingungslos einfach in mir, dass ich in Ehrfurcht erschauere. Und es füllt mich mit unermesslicher Urgewalt gar zärtlich aus.

Ich spüre, ich möchte mich aufrichten zu meiner wahren Größe, das Licht in mir zu halten in harmonischem Maß. Ich fühle, dies verlangt das wahre Licht in mir. Und ich spüre eine Anstrengung darin, das Licht zu halten. Zugleich fühle ich auch die Hindernisse in mir, welche allerdings, so spüre ich nun, die tatsächliche Quelle der Anstrengung sind.

Und so erfahre ich: Gebe ich mich dem Licht und meiner eigenen Größe vollkommen hin, so ist es ganz leicht, in diesem Licht zu sein und von ihm durchstrahlt zu werden. Alle Hindernisse und Anstrengungen weichen allein und in ihrer Zeit mit der Absicht, aufrecht in meinem Licht zu stehen.

Ich fühle ganz besonders in meinem Kopf ein Kribbeln und Beben, fast so, als würde sich eine Erkältung anbahnen, die den ganzen Kopf erfasst. Das gleißend hell strahlende Licht scheint jede Zelle meines Gehirns, jedes Teilchen meines Kopfes weiß zu durchleuchten und intensiv zum Vibrieren zu bringen. Ich halte ganz still. Auch wenn ich gerade das Gefühl habe, die Energie in mir sei zu stark, erspüre ich dennoch, dass es mich meiner Ursprungsenergie zu erinnern vermag und dass ich mich darin wieder erheben kann zu meiner wahren Größe.

Ich entscheide mich also dafür, jede gefühlte Anstrengung einfach anzunehmen und zu erfahren und mich damit dem Prozess vertrauensvoll hinzugeben, der mich zu meiner geistigen Größe wachsen lässt und alle Widerstände aufzulösen in der Lage ist.

Ich bebe innerlich, und jede meiner Zellen erzittert im Licht. Der gleißend helle Strahl arbeitet essentiell und zugleich in allen meinen zutiefst komplexen und hochfeinen Bestandteilen. Und ich erfahre mich in der Tiefe meiner selbst als ein unendlich feines Lichtkristallnetz aus Bewusstsein. Ich sehe mich als ein komplexes Feld kristallenen Lichtes in vollkommenster Harmonie schwingen, welches mich durch und durch mit Liebe erfüllt. Und ich erfahre, dieses ist der Ursprung meines eigenen körperlichen Seins, welches der reinen Liebe entspringt.

Das kristallweiße Licht erinnert. Ich spüre in mir die neu aufkeimende Wahrheit. Das Licht erinnert jeden Winkel meiner selbst an meinen Ursprung. Es ist ein Wissen, das mich urplötzlich mit großer Klarheit durchströmt: Dieses Licht erinnert an den wahrhaftigen Ursprung in mir. Allein dadurch löst es sanft und dauerhaft jegliche bestehende Illusion aus mir heraus. Und ich lasse es vertrauensvoll lösen.

Je länger ich im Bewusstsein des kristallweißen Lichtes verweile, um so gründlicher, tiefer, vielschichtiger und essentieller erfolgt die Erinnerung an mein ursprüngliches Sein. So erahne ich das Licht des Heiligen Geistes in mir.

Ich spüre, mit jedem Verweilen und Aushalten dieser einen Wahrheit festigt sich das Ergebnis der Erinnerung auch bis in alle meine tieferschwingenden Anteile und am Ende bis weit in meine physische Erscheinung hinein, in jede Zelle, in jedes manifestierte Teilchen. Ich schwinge ganz klar im Licht des Heiligen Geistes. Ich bleibe so im Gewahrsein des kristallweißen Lichtes, mich er-innernd, so lang ich vermag.

Ich spüre derweil, die eine Wahrheit »auszuhalten« wiegt genauso schwer wie die Masse der Illusionen, welche sich mit der Zeit der Erfahrungen in mir abgesetzt haben. Die Wahrheit zu halten bedeutet, auszuhalten, im vollkommenen Licht zu stehen, mich wahrhaft zu zeigen, in Klarheit und Reinheit meines wahren Selbst.

Ich spüre auch, den Weg der Wahrheit zu beschreiten bedeutet, das Hervorbringen der Wahrheit zu erleiden, so wie einst jede Illusion sich leidvoll niederließ. Das aufkommende Leid und der lösende Schmerz allein enthalten die Schlüsselinformation zur Auflösung der schmerzhaften Illusion, die im Grunde das Leid selbst darstellt.

Und ich spüre tief in mir, dass es nur der Ausrichtung auf das Innerste des Lichtes bedarf, im Vertrauen an den einen Ursprung getragen zu sein, das eine Licht einfach und in Freude in mir und aus mir heraus wirken zu lassen. Und so kann ich das Leid einfach gehen lassen, wie es einst kam.

ICH BIN! LICHT! ICH BIN!
Ich gebe mich der EINEN Wahrheit hin!

## Reinheit und Klarheit des Geistes

Der Bergkristall zeigt uns mit seinem Vermögen, rein und klar zu sein, wie wir selbst in uns rein und klar werden können. Jeder Einschluss, jede Trübung, jede Lichtreflektion, die im Innern eines Bergkristalls sichtbar sein kann, zeigt an, um welche Besonderheiten es im Leben geht, um rein und klar auf das innerste und höchste Wohl ausgerichtet zu leben. Dabei kommt es niemals darauf an, wie viele Widerstände du zu überwinden hast oder wie kompliziert diese sind, sondern inwieweit deine Absicht ausgerichtet ist, dem *höchsten Wohle* des Ganzen zu dienen. Wie ein besonders klarer Bergkristall ebenso wertvoll ist wie ein Bergkristall, der viele Einschlüsse in sich trägt, hat jeder Mensch seinen besonderen Wert im Gefüge des Ganzen. Nicht die Aufgaben und Widerstände machen den Menschen aus, sondern wie er sie meistert. Du bist an deinen Werken zu erkennen.

### *Wahrnehmung und Sinne*

Wie Rosenquarz und Rauchquarz uns vorrangig über die Welt der Gefühle heilsam berühren, um bewusster Wahrnehmung Raum zu schenken, wirkt Bergkristall in erster Linie über das Mentalfeld heilsam. Neben seiner Wirkung auf das Nervensystem mit Gehirn und Sinnesorganen sowie das Denkvermögen, trägt der Bergkristall eine Art Schlüssellicht zur Entwicklung der inneren Wahrnehmungen und einer konzentrierten Ausrichtung auf das innerste Selbst und die *eine* Wahrheit in sich.

Mit der Energie des Bergkristalls kann sich ein Mensch im Lichte des *Heiligen Geistes* erinnern, dass er selbst aus dieser heiligen Energie erschaffen ist und in Anerkennung der Quelle wachsen kann, um durch sich selbst das reine Licht in Erfüllung zu bringen.

Um zu helfen, die Quelle und reine Absicht des Seins zu erinnern, bewirkt Bergkristall eine Verfeinerung der äußeren Wahrnehmung, des Fühlens, Sehens, Hörens, Riechens und Schmeckens zur inneren Konzentration und Ausrichtung am Herzen, was den Menschen der Wahrnehmung der Quelle und des *einen* Ursprungs der Wahrheit wieder näherbringt.

Da nur jener Mensch sich wirklich der inneren Wahrnehmung öffnen kann, der sich seines wahren inneren Wertes bewusst wird, stärkt die Energie des Bergkristalls durch die Erweiterung der Wahrnehmung das eigene Selbstwertgefühl sowie das Konzentrationsvermögen auf das Selbst. Dies kann das Denken fördern, wo Zerstreutheit vorliegt, oder auch das Denken hemmen, wo die Gedanken den Menschen zu kontrollieren drohen. Es wird immer ein Gleichgewicht angestrebt, versucht, die inneren und äußeren und die höheren und tieferen Seiten eines Ganzen auszugleichen.

So bewirkt die Energie des Bergkristalls auch eine Harmonisierung von gegenüberliegenden Seiten, wie der rechten und der linken Körperseite oder der rechten und der linken Gehirnhälfte.

Legasthenie und Dyskalkulie sind, wie andere einseitige Fähigkeiten, Funktionsstörungen oder Schmerzen ein Ausdruck fehlender Verbindung oder Harmonie zusammengehöriger Pole und können im Licht des Bergkristalls Heilung erfahren.

Mit seiner Eigenschaft, die Balance der gegensätzlichen Entitäten einer Polarität anzuregen, kann Bergkristall überall Heilung bringen, wo ein Teil des Ganzen ausgeschlossen wurde. Dies betrifft körperliche Erscheinungen, welche mit Fehlfunktionen oder Reizungen der Nervenbestandteile zusammenhängen, berührt gleichermaßen verlorengegangene Seelenanteile, die integriert werden möchten, sowie Beschwerden der Zähne. Ganz besonders die Zahnheilkunde kann über die Energie des Bergkristalls bereichert werden. Die Zähne bilden den am meisten verfestigten Energieanteil des Körpers. Sie zeigen Disharmonien in bestimmten Körper- oder Organbereichen an wie auch das Fehlen von Seelenanteilen.

## *Kopf*

Der Bergkristall richtet sein Licht ganz besonders auf Kopf und Sinne. Beschwerden des Kopfes, welche die Konzentration auf das Wesentliche im Leben mildern oder einschränken, können mit der Energie des Bergkristalls zur Heilung gelangen. Erkältungskrankheiten bis hin zu chronischen Entzündungen und Vereiterungen in Mund und Rachen, Nase und Ohren sowie besonders Beschwerden der Nasennebenhöhlen können ebenso ausbalanciert werden wie Themen, die das Gehirn und die Nerven des Kopfes, etwa Kopfschmerzen und Migräne betreffen.

Bei der Bildung von Eiter wirkt der Bergkristall reinigend und, durch sein Vorbild als Kraft zur Konzentration und Zentrierung auf das Innerste, heilsam bei der Klärung und Beseitigung von Fremdenergien.

## *Fremdenergien, Parasiten, Reinigungs- und Reifeprozesse*

So rein wie Bergkristall erstrahlt, so rein kannst du dich in seinem Lichte wieder fühlen und dich erinnern, dass du im Ursprung absolute Reinheit bist. Im Lichte deiner eigenen Reinheit bist du geschützt vor allen Einflüssen, welche dir das Gegenteil suggerieren möchten. Je reiner und sicherer du dich auf dein Selbst ausgerichtet fühlst, um so weniger anfällig bist du für Disharmonien und damit verbundenen Krankheiten wie auch den sie begleitenden Bakterien- und Parasitenbefall. Es ist immer dein Feld, welches Krankheit oder Gesundheit ausstrahlt. Sogenannte Krankheitserreger oder Parasiten sind lediglich Begleitboten einer Krankheit, welche nur in einem disharmonischen Feld wurzeln kann. Harmonische Felder reinigen sich in ihrer Stabilität ständig selbst und bleiben auch dauerhaft frei von schwerwiegenden Krankheiten.

Akute Erkrankungen, besonders mit Fieber einhergehend, sind Reifeprozesse, welche das dem Organismus zugrundeliegende Feld in neue Harmonie bringen möchten, wenn sich die Umgebungsenergie verändert. So sind auch alle Kinderkrankheiten wichtige Reifeprozesse des Menschen in seiner Entwicklung und stellen bedeutsame Heilversuche des Organismus in Auseinandersetzung mit dem Lebensumfeld dar. Diese möchten, wenn sie nicht von der Lebenskraft allein zum Erfolg geführt werden können, ganzheitlich unterstützt werden, um die angestrebte höhere Harmonie zu erreichen.

## *Geistiges Wachstum*

Bergkristall wird dich immer dort abholen, wo du gerade in deinem Leben stehst, so wie es jedem Kristall in seiner Wirkweise zu eigen ist.

Du kannst mit Hilfe der Bergkristallenergie eine erhöhte Konzentration deiner Verstandesleistung erreichen oder aber auch, dass der Verstand mehr losgelassen werden kann, um bewusste Schritte im Herzen gehen zu können.

Ganz wie es deinem eigenen Wachstum entspricht und wo es für dich gerade wichtig ist, wird der Bergkristall geistig reinigend und klärend für dich wirken. Vielleicht ist es momentan wichtig für dich, deinen konzentrierten Geist auf die Einzelheiten deines Lebens zu richten, oder vielleicht, dich mental loslösend einer höheren Ebene deiner selbst zuzuwenden. Der Bergkristall begleitet dich liebevoll dort auf deinem Weg geistigen Wachstums, wo du es gerade am dringendsten brauchst. Und während dies geschieht, wirst du wie von selbst beginnen, auch dein Umfeld zu reinigen oder wahrzunehmen, welche Räume und Orte für dich rein und klar sind und welche nicht sowie welchen du vielleicht mit deiner eigenen Reinheit Hilfe zur Reinigung geben kannst. Wie innen so außen.

# Energetische Reinigung und universelle Reinheit

Reinigung ist ein Prozess, welcher innen wie außen gleichermaßen geschieht. Reinheit oder Verschmutzung sind uns nicht immer bewusst. Vieles besteht unsichtbar nur auf der Energiefeldebene und offenbart sich über bestimmte Zeichen.

So kann es geschehen, dass es unüberwindbar schwer und kaum möglich erscheint, die Wohnung aufzuräumen oder zu reinigen; dass bestimmte Dinge, sollen sie aussortiert, entrümpelt oder umgeräumt werden, so viel Schwere und Trägheit mit sich bringen, was ein Sortieren und Reinigen unmöglich macht; oder dass nach einer Reinigungsaktion alles recht schnell wieder unordentlich und schmutzig wirkt.

Eine energetische Verschmutzung kann auf vielerlei Ebenen wurzeln und sich auch in weitere Ebenen ausbreiten. Es kann sein, dass das eigene Energiefeld nicht in Balance ist, sich vielleicht eine Krankheit anbahnt oder sich bereits manifestiert hat. Es ist aber auch möglich, dass ein Besucher oder Mitbewohner des Raumes, des Hauses oder des Grundstücks Disharmonie in seinem Energiefeld trägt, oder der Raum selbst, die Wohnung, das Haus oder der Ort von disharmonischen Feldern und Wesenheiten durchdrungen sind. Darüber hinaus gibt es immer wieder Phasen, wo wir eine starke globale Disharmonie erleben, welche ebenfalls auf den einzelnen wirkt und Unruhe und Trägheit mit sich bringt.

Andersherum kann es geschehen, dass nach einer Zeit von Unwohlsein oder Krankheit plötzlich der Wunsch auftaucht, den Wohnraum zu reinigen. Die Aufräum- und Reinigungsarbeiten gehen plötzlich leicht und mit Freude einher, was zuvor nicht der Fall war.

Manchmal hilft es, über einen bestehenden inneren Widerstand hinauszuwachsen und einfach aufzuräumen, auch wenn es gerade schwerfällt.

Mit jedem Handgriff, welcher Ordnung bringt, wird es spürbar leichter, und neues Wohlbefinden stellt sich ein.

Ist die Energiefeldebene, in welcher die Ursache der Verunreinigung liegt, auf dem Weg zu neuer Harmonie, so stellt sich scheinbar ganz von selbst wieder die Kraft und das Verlangen ein, sauberzumachen und sich selbst, die Wohnung oder auch das Haus zu reinigen. Reinheit breitet sich aus.

Manchmal ist die zugrundeliegende energetische Unreinheit jedoch zu schwerwiegend, als dass eine Reinigung auf der physischen Ebene etwas bewirken könnte.

Eine energetische Verunreinigung geht oft mit Schwäche, Trägheit, innerer Unruhe und vielleicht auch äußerer Unsauberkeit einher. Es ist möglich, mit einer notwendigen Reinigung innerlich zu beginnen oder auch im Außen, es steht alles in einem Zusammenhang. In hartnäckigen Fällen ist es allerdings gut, sich der Wurzel der Unreinheit bewusst zu werden. Räumst du dort auf, wo es am Nötigsten ist, erfolgt die Reinigung aller anderen Bereiche im Anschluss meist spielend leicht.

## Kristalle und Edelsteine reinigen

Wegen ihres reinen Wesens, ihrer harmonischen Ausstrahlung und hohen Schwingung sind uns Kristalle und Edelsteine von jeher bei jeglichen Reinigungsprozessen dienlich. Die individuellen Kristalle können jedoch bei all den Prozessen Energien aufnehmen, von denen auch sie geklärt werden möchten.

Es ist wichtig, Kristalle und Edelsteine regelmäßig, wenn sie viel gearbeitet haben oder einfach energetisch belastet sind, zu reinigen. Es ist gut, dabei nach Gefühl vorzugehen und bevor ein Kristall physische Anzeichen von Überlastung zeigt.

Kristalle, welche aufgrund ihrer liebevollen Präsenz oder der Anwendung durch den Menschen sehr viele Energien aufgenommen haben, können durch Trübungen, Verblassen oder sogar über Risse und Splitterung anzeigen, dass sie sich in der Natur erholen möchten. Zuweilen zeigt ein Kristall an, dass er gänzlich der Natur zurückgegeben werden mag. Im Kreislauf des Lebens der Kristalle ist dies oft nur ein Abschnitt natürlicher Reinigung, obwohl es für ein Menschenleben einen Abschied bedeuten kann.

Bevor du die Entscheidung nicht eindeutig treffen kannst, ob ein Kristall gereinigt oder ganz der Mutter Erde zurückgegeben werden möchte, ist es sinnvoll, eine energetische Kristallreinigung vorzunehmen. Im Anschluss spürst du klarer, was mit dem Kristall weiter geschehen darf.

Eine Reinigung von Kristallen, egal in welcher Größenordnung, umfasst eine geistig-energetische und eine stoffliche Komponente, beide Ebenen wirken jedoch aufeinander. Eine stoffliche Reinigung unterscheidet sich je nach Art und Empfindlichkeit des Kristalls, die Handlung birgt durch die Absicht bereits eine geistige Komponente:

Alle Kristalle, die nicht wasserempfindlich sind, dürfen mit klarem oder salzhaltigem Wasser abgespült werden. Wasserempfindliche Kristalle sollten mit einem sauberen, trockenen Tuch abgerieben werden.

Wasseraufbereitungskristalle können neben dem regelmäßigen Abspülen immer einmal gut mit Essigwasser gereinigt und abgebürstet werden.

Zur Reinigung von aufgenommenen Energien eignen sich ferner Hämatitkristalle. Darüber hinaus können auch Bergkristall-Chips verwendet werden, um anderen Kristallen wieder Reinheit und Klarheit zu schenken.

Mit folgender Methode kannst du eine geistig-energetische Reinigung von Kristallen und Edelsteinen erreichen:

Nimm den Kristall oder Edelstein liebevoll in deine Hände.

Segne ihn von Herzen.

Bitte die göttliche Kraft, die eine *Quelle*, den *Ursprung allen Seins*, diesen Kristall für dich von allem zu reinigen, was nicht dem höchsten Wohle entspricht, und bitte darum, den Kristall an seinen Ursprung zu erinnern.

Danke dafür, dass die Reinigung geschehen ist!

Deine reine Absicht ist der Schlüssel zu dem, was du zu erfahren wünschst.

Nach der Reinigung haben es Kristalle und Edelsteine je nach ihrer Empfindlichkeit und Beschaffenheit gern, sich in irgendeiner Form in der Natur zu erholen. Manche Kristalle liegen hierzu gern gesichert am Grund eines fließenden Gewässers, manche auf oder in der Erde, im Moos, auf Steinen, zwischen Wurzeln oder auf einem Baumstumpf. Viele Kristalle lieben die Sonne zum Aufladen, wie beispielsweise der Rubin, manche das Mondlicht oder beides. Es gibt auch Kristalle, welche bei starkem Sonnenlicht verblassen können, wie manche Rosenquarze. Spüre selbst, was deinem Kristall gut tut und was nicht. Sei achtsam, aber folge mutig deiner Intuition.

## Reines, klares, lebendiges Wasser

Der Mensch besitzt einen Wasserkörper, welcher je nach Alter und Gesundheit zu sieben bis neun von zehn Teilen aus flüssigem Wasser besteht, während der Rest des Körpers einer langsamer schwingenden Verdichtung unterliegt. Wasser ist eine wichtige Grundlage des physischen Lebens für den Menschen auf Mutter Erde und sollte daher rein und klar sein. Aufgrund von Umweltverschmutzungen ist es jedoch oft schwierig bis unmöglich, sich mit natürlich reinem Wasser zu nähren und zu reinigen.

Auch hier bietet der reine Geist die Lösung zur Reinigung des Wassers. Wasser kann nicht nur auf natürliche Weise gefiltert, sondern auch durch reinen Segen, Liebe und Dankbarkeit gereinigt werden. Die Kristalle bieten uns dazu wertvolle Unterstützung und geben stetig Segen, Liebe und Dankbarkeit an das Wasser weiter.

Besonders gebräuchlich zur Reinigung, Energetisierung und Belebung von Trinkwasser sind Bergkristall, Rosenquarz und Amethyst. Aber auch viele andere Kristalle, welche Wasser vertragen und die du intuitiv auswählen kannst, bieten nützliche Hilfe.

Eine energetische Reinigung des Wassers zieht immer eine stoffliche Qualitätsanhebung nach sich, auch wenn dies dem Verstand noch unlogisch erscheint. Reines, in Liebe und Dankbarkeit gesegnetes Wasser lässt die Auflösung und Anhaftung von Giftstoffen nicht zu und sondert Gifte sogar aus, indem diese nicht weiter in gelöster Form vorliegen, wodurch sie zum Großteil unschädlich werden.

Die Wasserbelebung erfolgt am besten in einem Wasserkrug aus Glas oder Ton, der einige gereinigte Wasserbelebungskristalle enthält. Nachdem der Krug mit frischem und gegebenenfalls gefiltertem Wasser aufgefüllt wurde, kann das Wasser dankend gesegnet werden. Es ist optimal, den Krug nun vierundzwanzig Stunden an einem Ort stehen zu lassen, wo er dem natürlichen Tageslicht und auch dem Licht von Mond und Sternen ausgesetzt ist. Länger als drei Tage sollte das Wasser allerdings nicht stehen, bevor es benutzt wird. Zu viel Sonnenlicht sollte vermieden werden.

Insbesondere Kristalle, die der Reinigung, energetischen Aufbereitung und Belebung des Wassers dienen, sollten eine regelmäßige Reinigung erfahren. Dies ist spürbar und oft auch sichtbar. Die genutzten Wasserbelebungskristalle können von Kalk überzogen sein, stumpf werden oder sogar grünlich schimmern, was beginnenden Algenwuchs anzeigt. In lebendigem Wasser wimmelt es nur so von Kleinstlebewesen, die in einem natürlichen Gleichgewicht bestehen. Solch lebendiges Wasser erhält den Menschen gesund, wogegen totes Leitungswasser eher Krankheiten und einen frühen physischen Tod fördert.

## Die Reinerhaltung des physischen Körpers

Dein Körper ist der Tempel deiner Seele. Von Geburt an bis zum physischen Tod deines Körpers ist er dein Heim und möchte wie ein Haus, das du bewohnst, reingehalten oder auch gereinigt werden, wenn Verschmutzungen entstanden sind.

Auch die Reinigung deines Körpers geschieht nicht nur auf der materiellen oder physischen Ebene. Jede Reinigung, auf welcher Ebene sie auch stattfindet, wirkt sich auf andere Energieebenen mit aus.

Zur Reinhaltung und Reinigung des physischen Körpers gehören die physische Reinigung, das Trinken von ausreichend reinem und vor allem lebendigem Wasser, eine gesunde Ernährung mit echten, energiereichen Lebensmitteln, die regelmäßigen Ausscheidungen sowie die geistige Ausrichtung.

Nach dem universellen Gesetz der Resonanz kann ein reines, strahlendes Wesen keinen Schmutz anziehen, jedoch wenn es sich absichtsvoll in ein verunreinigtes Feld begibt und seine Eigenschwingung verringert, ist es der Verschmutzung zunehmend ausgesetzt und muss sich wieder reinigen. Um dies zu verdeutlichen, denke bitte an ein neugeborenes Baby. Jedes Neugeborene, welches das reine Licht verkörpert, duftet wunderbar, selbst nach einem schwierigen Geburtsvorgang. Babys und kleine Kinder sondern je nach Umfeld, in dem sie leben, wenig übelriechende Ausscheidungen ab, doch wird dies je nach Lebensweise, Nahrung, Umfeld und familiärer Belastung mit zunehmendem Alter mehr. Babys brauchen, um gut zu riechen und sauber zu sein, nicht so viel Hygiene wie erwachsene Menschen. Dies hat weniger mit dem Alter zu tun als vielmehr mit der inneren Reinheit und Seelenanbindung und damit auch mit der Ausstrahlung.

Zur äußerlichen Reinigung ist es wichtig, klares und sauberes Wasser zu verwenden. Benutzt du Reinigungszusätze, achte auf natürliche Zutaten. Hast du das Gefühl, energetisch verschmutzt zu sein, ist es gut, dich abzuduschen, von oben bis unten mit Salz abzureiben und danach alles restlos abzuspülen, während du dir vorstellst, in einer Dusche aus reinem Licht zu stehen. Auch ein Bad mit Salz und Natron bewirkt Reinigung und Entgiftung bis auf höherschwingende energetische Ebenen.

Achte bei allem auf dein Bewusstsein. Deine reine Gesinnung, wie sie auch bei rituellen Waschungen wichtig ist, und eine liebevolle Ausrichtung fördern deine Reinheit insgesamt.

Bewerte bitte nicht, wie rein du dich gerade fühlst, auch nicht bei vermehrten Entgiftungs- und Ausscheidungsreaktionen deines Körpers. Bei allen Umweltverschmutzungen, bei der Überwindung von Krankheit und der Heilung von Feldern, auch in deinem Umfeld, kann der Körper in seinem stetigen Verlangen, sich in neue Harmonie zu bringen, vermehrt Giftstoffe aussondern. In allen solchen Fällen solltest du dich öfter und gründlicher reinigen, annehmen, was ist, und die Reinigung einfach deinem Gefühl und Bedürfnis nach innerer Reinheit anpassen. Du bist aus eigenem Wunsch und in eigener Verantwortung auf der Welt und an dem Ort, an dem du gerade bist. Nimm alles an, wie es gerade ist. Positive Veränderungen können sich nur in der Akzeptanz des »Hier und Jetzt« ergeben.

Die Nahrung, welche du zu dir nimmst, spielt eine wichtige Rolle in deinem Reinheitsprozess, ebenso Medikamente oder andere körperfremde Stoffe, welche in deinen Körper gelangen und hier nicht hingehören. Deine Nahrungsmittel sollten lebendige, also frische Lebensmittel sein, welche deinem Wohl und deiner liebevollen Gesinnung dienlich sind. Das, was du zu dir nimmst, und auch in welcher Geisteshaltung du etwas zu dir nimmst, ist das, was du ausstrahlst.

Je feiner deine innere Wahrnehmung wird, um so mehr wirst du dich wahrscheinlich zu Lebensmitteln hingezogen fühlen, die dir wahrhaft auf Dauer gut munden und deinen Körper gesund und kraftvoll erhalten. Süchte, unbewusstes Essen und das Übergehen der eigenen Wahrnehmung hindern dich auf Dauer daran, dich gesund zu ernähren. Es ist besser, erspüren zu lernen, was der Körper braucht und als Nahrung wünscht.

Darüber hinaus ist es für einen Menschen in einem physischen Körper durchaus möglich, sich von reiner Lichtnahrung zu ernähren. Auch hierzu solltest du dich nur dann in deinem eigenen Tempo und aus deinem Inneren heraus führen lassen, wenn es für dich stimmig ist.

Verfeinert sich deine Wahrnehmung und gehst du größere Schritte in der Bewusstseinserweiterung, kann sich deine Vorliebe für Nahrung stark verändern. Es kann sein, dass sich ein Verlangen nach Fleisch und tierischen Produkten verliert, sich die Verträglichkeit von verschiedenem Getreide- oder Eiweißprodukten verändert, industrieller Zucker, Salz und Zusatzstoffe Probleme wie Unruhe und Konzentrationsschwierigkeiten verursachen oder dass Alkohol und Tabak nicht mehr vertragen werden, bevor der Wunsch nach einer gesunden Ernährung gereift ist. In diesem Fall hat einfach dein Körper schon einmal in der Hoffnung die Notbremse gezogen, dass du auf ihn hören und dich einer anderen Ernährung zuwenden wirst, einer Ernährung, die deinem ganzheitlichen Wohl und dem Wohl der Menschheit auf Mutter Erde mit allen Wesen entspricht.

Erlebst du eine Zeitlang oder dauerhaft vermehrte oder geruchsintensive Ausscheidungen an dir, so spüre nach, wodurch sie hervorgerufen werden. Diese können durch eine chronische Erkrankung, von Medikamenten oder Giftstoffen sowie von energetischen Verschmutzungen deines Umfeldes hervorgerufen sein. Ein wichtiger Faktor, über die Art der Ernährung hinaus, ist die Qualität deiner Nahrung. Selbst wenn du dich allein von den Früchten der Natur ernährst, was der Reinheit eines liebevollen menschlichen Wesens in Harmonie am ehesten entspricht: Das Verzehren von minderwertigen, genmanipulierten, nicht regionalen oder saisonalen Früchten aus unnatürlicher Landwirtschaft mit Luft- Wasser-, und Bodenverschmutzungen ist Ursache für Entgiftungsprozesse. Sieh dich anerkennend als Teil des menschlichen Kollektivs in seiner Entwicklung. Achte darauf, dass du dich selbst und deine Kinder so rein wie möglich ernährst. Doch verurteile dich nicht, wenn dies nicht vollkommen realisierbar ist. Du bist ein Teil der Menschheit, welche in Entwicklung ist, und trägst mit deiner reinen Gesinnung zu ihrem Wachstum und ihrer allgemeinen Reinigung bei.

Dein Geist, mit dem du dein Essen zu dir nimmst, spielt eine weitaus größere Rolle in der Ernährung, als es materiell den Anschein hat. Alles ist Energie. Wir nehmen im Grunde die Energie aus den Nahrungsmitteln zu uns, nicht die Stoffe selbst. Eine in Dankbarkeit gesegnete Mahlzeit ist weitaus wertvoller und bekömmlicher für dich als ein unbewusst verschlungenes Essen zweifelhafter Herkunft. Die Energie der Nahrung entspricht dabei nicht nur der Qualität der Früchte, sondern auch einer liebevollen Zubereitung, einem liebenden Geist, der gerne gibt, und einer dankbaren Gesinnung beim Genießen der Mahlzeiten.

Bist du dir der Bedeutung der geistigen Ausrichtungen bei allen Reinigungs- und Ernährungsfragen bewusst, so wird dies dazu beitragen, dir darüber hinaus bewusst zu werden, welche Verantwortung in dir selbst für deine eigene Reinheit, die der Menschheit und der von Mutter Erde liegt.

## Energetische Reinigung der Aura, von Räumen und Orten

Liegt eine energetische Verschmutzung vor, die dich beeinträchtigt, so ist eine Reinigung auf energetischer Ebene nötig. Bleibt eine zu Beginn des Kapitels beschriebene Unfähigkeit zur Reinigung des Wohnbereiches, eine allgemeine Trägheit oder innere Unruhe über längere Zeit bestehen, ist genau zu schauen, wo die Ursache der Verunreinigung liegt. Gibt es überdies oft Streitereien oder Gewaltausbrüche und kann dies nicht einem zu heilenden Thema in dir selbst, einem Familienmitglied oder einem Mitbewohner zugeordnet werden, so brauchen Raum, Haus, Grundstück oder auch ein ganzer Ort eine Reinigung. Meist sind die Ebenen der Persönlichkeit und des Ortes gleichzeitig in Klärung zu bringen.

Es ist möglich, dass energetische Wesenheiten an einen Ort gebunden sind, welche deinen Lebensbereich andauernd beeinflussen. Über die innere Wahrnehmung vernimmt ein sensibler Mensch dann oft Schatten, Luftzug oder auch fremde Gerüche.

Primär in allen Fällen von Verunreinigung hilfreich ist das Entzünden einer Kerze aus natürlichem Material sowie Räucherungen mit natürlich reinen Kräutern und Harzen. Die Kerze symbolisiert das Licht, das ursprünglich und ewig in dir existiert, und die Absicht der Reinheit. Reines Wasser, Kristalle und natürliches Räucherwerk können helfen, eine Reinigung bis in energetische Ebenen zu senden. Selbst das Verräuchern eines einfachen Räucherstäbchens wird bei tiefgreifender energetischer Belastung relativ schnell Erleichterung oder auch die Klarheit bringen, dass eine energetische Reinigung ansteht.

Je disharmonischer ein Energiefeld wirkt, um so schneller kann sich nach einer stofflichen Reinigungsaktion oder einfachen Räucherung das alte Gefühl von Trägheit, Unruhe, Aggression oder Schmutz wieder einstellen. Dann ist eine energetische Großreinigung unumgänglich.

Beginne mit der Reinigung immer bei dir selbst. Nur wenn du selbst rein und klar ausgerichtet bist, kannst du spüren, was rein ist und was einer Reinigung bedarf.

## *Die Reinigung der Aura*

Die Aura zu reinigen, wird immer innere Harmonie und Gesundheit fördern sowie Themen sichtbar machen, welche der Heilung bedürfen.

Themen, die du in dir bereits in das Bewusstsein zur Heilung gebracht hast, tauchen in Begegnungen mit anderen Menschen und Orten, welche ähnliche Themen unerlöst in sich tragen, wieder auf, um bei ihnen oder an diesem Ort gelöst zu werden. Hier ist es wichtig, zu spüren, inwieweit du in dir selbst in Heilung kommen kannst, wie viel du einem anderen Menschen zu seiner Heilung aus deiner Erfahrung mitgeben möchtest, indem du noch einmal bewusst mit ihm in solche Felder hineingehst, und wo deine Grenzen sind. Das Thema, welches ein Mensch in sich selbst derzeit nicht erlösen kann oder will, kannst du nicht erlösen, auch dann nicht, wenn du dich ständig erneut zur Verfügung stellst. Es bedarf hier innerer Klarheit, Ehrlichkeit und möglicherweise auch der Abgrenzung.

Zur Klärung deiner Aura und inneren Reinigung gibt es verschiedene Methoden. Ein erster, sehr kraftvoller Weg, ist die Reinigung in Resonanz mit dem eigenen Herzlicht und dem innersten Klang.

Visualisiere innerlich dein Herzlicht. Es ist gut, aber nicht zwingend erforderlich, symbolisch eine Kerze zu entzünden. Nun visualisiere einen Schutzkreis aus goldenem Licht um dich mit deinem visualisierten Herzlicht sowie gegebenenfalls auch die Kerze. Spüre dich selbst. Tauchen in deinen Gedanken plötzlich Menschen auf, so stelle dir für jeden auftauchenden Menschen nacheinander folgendes vor:

Lasse neben deinem Lichtkreis einen weiteren Lichtkreis entstehen, in welchem der andere Mensch steht. Die sich berührenden Lichtkreise bilden eine liegende Acht. Spüre in deinem Lichtkreis nach, ob hier irgendetwas auftaucht. Dies können Schatten, Unrat, Lichtvolles oder symbolische Gegenstände sein. Alles, was hier auftaucht, gehört zu dem anderen Menschen. Bewerte nichts! Nimm alles auf und übergib es dem anderen Menschen in seinen Lichtkreis mit liebevoller Achtung und Worten wie: »Dies gehört dir! Ich gebe es dir jetzt in Liebe und Anerkennung zurück!« Vielleicht magst du dich verneigen oder in weiteren Worten deine Achtung und Anerkennung mitteilen. Ist alles übergeben, stell dir vor, wie der Lichtkreis der anderen Person sich auflöst, die Person sich von dir abwendet und fortgeht. Schaue ihr so lange nach, bis sie deinem Blickfeld entschwunden ist.

Gehe so für jede Person vor, die während der Konzentration auf dein Energiefeld auftaucht. Jede Übergabe und Auftrennung bringt eine Erlösung von Verstrickungen, keine Trennung auf der Herzebene, das wäre nicht möglich. Eine energetische Lösung von Verstrickungen kann jedoch auch eine physische Trennung zur Folge haben, wenn dies deinem und dem Wohl des anderen entspricht.

Bist du in deinem Lichtkreis mit deinem Herzlicht allein, so verweile darin still und im Bewusstsein deiner ursprünglichen Reinheit. Vielleicht magst du ein Gebet sprechen. Was noch tiefer wirkt als ein Gebet ist dein heiliger Klang. Spüre in dich, welcher Klang oder welche Töne sich dir innerlich zeigen. Auch wenn dies zuerst unklar, kratzig oder unharmonisch klingen sollte, lass dich auf deinen inneren Klang ein und töne. Lass dich im Strom deines heiligen Klangs reinigen.

Wenn du das Gefühl hast, es ist genug Reinigung geschehen, bedanke dich innerlich, löse den für die Reinigung visualisierten Lichtkreis wieder auf und lösche gegebenenfalls die Kerze oder lasse sie beaufsichtigt herunterbrennen.

Eine weitere Möglichkeit zur Reinigung besteht in der Nutzung eines geeigneten Kristalls, etwa eines Bergkristalls, der sich zu diesem Zweck anbietet, das heißt, dir in den Sinn kommt, wenn du dich fragst, welcher Kristall für die Absicht der Aurareinigung geeignet ist.

Über die energetische Reinigung deiner Aura durch die reine Absicht oder die Nutzung von Kristallenergien hinaus ist es natürlich auch möglich, deine Aura mit Hilfe von naturreinem Räucherwerk zu reinigen. Du kannst dich auch von anderen Menschen, die reiner Absicht sind, unterstützen lassen.

Es ist gut, dich täglich ein- oder nach Bedarf auch mehrmals bewusst zu reinigen. Sinnvoll ist, dich sofort nach dem Erwachen energetisch zu zentrieren, um dich seelisch auszurichten und gereinigt in einen selbstbestimmten Tag zu starten.

## *Reinigung von Räumen, Wohnungen und Häusern*

Nicht immer, aber oft, geht eine Aurareinigung mit der Notwendigkeit einer Klärung des Wohn- und Wirkungsortes einher. Andersherum müssen bei einer Raumreinigung immer die persönlichen Energiefelder der Bewohner mit gereinigt werden.

Eine energetische Raum- oder Hausreinigung sollte mit einer Säuberungs- und Aufräumaktion einhergehen. Beginne auf der Ebene, die dir stimmig erscheint. Manchmal ist es leichter, zuerst aufzuräumen und sauberzumachen. Oft möchte auch eine energetische Klärung der Reinigungsaktion vorangehen.

Auf der stofflichen Ebene ist wieder eine Reinigung mit Wasser oder Salzwasser hilfreich. Daneben ist es gut, mit natürlichen Kräutern und Harzen zu räuchern sowie die klärenden Energien verschiedener Kristalle zu nutzen. Gehe bei der Auswahl der Klärungsmittel und auch bei der Vorgehensweise intuitiv vor.

Bevor du einen Raum, eine Wohnung oder ein Haus reinigst, ist es gut, dir der Gegenstände, die in diesen Räumen sind, bewusstzuwerden. Manche Dinge wirken belastend und auf Dauer energetisch störend. Du kannst eine energetische Beeinträchtigung von Gegenständen an deren Energie erkennen, welche dich im physischen Kontakt berührt.

Werden Dinge sortiert und umgeräumt, egal ob es sich um Möbel handelt, Kleidung, Gebrauchsgegenstände, Andenken oder auch Geschenke, und es stellt sich eine energetische Trägheit ein, gilt es als erstes, dir dessen bewusst zu werden, womit diese Dinge in Zusammenhang stehen. Im Anschluss spüre, ob du den Gegenstand reinigen kannst, indem du mit ihm in Frieden und Wohlgefühl kommst, oder ob du ihn aussortieren möchtest. Es ist auf jeden Fall bei ermüdend und belastend wirkenden Dingen gründlich zu entrümpeln. Alles, was träge oder unruhig macht, ist zu reinigen oder, wenn dies nicht gelingt, auszusortieren.

Bei jeder Reinigung ist es gut, ein Licht in Form einer weißen Kerze zu entzünden oder in deiner Vorstellung ein weißgoldenes Licht in deiner Mitte oder in der Mitte des Raumes erstrahlen zu lassen.

Um einen Raum energetisch zu reinigen, sprich laut oder sage dir innerlich: »Kraft des ICH BIN das ICH BIN ist dieser Raum rein und klar.« Danke, dass die Reinigung und Klärung geschehen ist!

Stelle dir, wenn möglich, dabei vor, wie die Wände, der Boden und die Decke in goldenem Licht aufleuchten. Geht dies an einigen Stellen oder Ecken schwer, so nimm gezielt Räucherwerkzeug, Klänge und Kristalle zur Hilfe. Zum Räuchern eignen sich besonders indianischer Salbei, Weihrauch und das einheimische Fünffingerkraut, im Keltischen als Odermennig bekannt. Als Kristalle kannst du Bergkristall, Hämatit,

Obsidiane, Rosenquarz, Rauchquarz und Amethyst wie auch jene verwenden, die sich dir auf deine Absicht hin zeigen. Gehe bei deiner Wahl intuitiv vor, auch darin, wie du die Kristalle aufstellst. Wenn du die Klänge spürst, die der Raum zur Klärung braucht, so singe diese intuitiv, bis sich eine innere Harmonie einstellt, oder nutze Klangschalen oder Instrumente deiner Wahl.

Schau, wie sich der Raum vor deinem inneren Auge verändert. Kannst du dir endlich vorstellen, dass alle Wände und Decken in goldenem Licht erstrahlen, so lass das Licht den Raum von allen Seiten fluten.

An einem bestimmten Punkt wirst du das Gefühl haben, ein oder mehrere Fenster zu öffnen. Ganz besonders nach dem Räuchern ist dies notwendig, aber auch wenn du allein mit Licht und Kristallenergie arbeitest, hilfst du mit dem Öffnen von Fenstern nach, dass sich Energien lösen und abfließen können.

Gehe bei einer Wohnung oder einem Haus Raum für Raum vor.

Möglicherweise hast du am Ende einer energetischen Reinigung das Gefühl, noch einmal mit Wasser oder einem Staubsauger nachzuhelfen, auch wenn du vorher bereits geputzt hast. Dann tu es einfach.

Segne am Ende den Raum und erfreue dich der Reinheit. Reinige im Anschluss dich selbst noch einmal, indem du dich abduschst oder ein Bad nimmst, um alles von dir abfließen zu lassen.

## *Grundstücke und Orte*

Ist die Reinigung von Wohnung und Haus über die Maßen häufig erforderlich oder schwierig, dann ist zu erspüren, ob der gesamte Ort eine Reinigung erfahren möchte. Die Erlösung eines Ortes erfolgt wie jede andere Reinigung über die Harmonisierung des Ortes selbst. Schattenwesen, welche dem Menschen ihre Anwesenheit auf Dauer durch Streit, Ärger, Unruhe, Trägheit und Sorgen anzeigen, werden in Liebe hinausbegleitet und aufgefordert, zu ihrem Ursprung zurückzukehren oder erlöst zu werden. An einem harmonischen Ort können sie nicht bleiben.

Bei der Reinigung eines Grundstückes oder Ortes spüre zuerst in das Lichtwesen, welches den Ort hütet. Zu jedem Ort gibt es einen Deva, mit welchem du in Kontakt treten kannst. Möglicherweise kommst du auch eher mit einigen Naturwesen in Kontakt als mit dem Deva. Lass dich innerlich führen. Was in deinem Innern an Gedanken, Bildern und Ideen auftaucht, ist wichtig. Ist es dir möglich, in Kontakt mit dem Deva oder den Naturgeistern zu kommen, so frage innerlich, was der Ort benötigt, um in Harmonie zu gelangen und erlausche die Antwort, die sich dir in deinem Innern zeigt. Dann bitte Deva und Naturwesen um Hilfe. Horche in dich hinein, was du tun kannst.

Ist dies getan, aber auch dann, wenn du nichts spürst, so gehe ähnlich wie bei einer Raum- und Hausreinigung folgendermaßen vor:

Entzünde ein Licht in Form einer weißen Kerze oder innerlich, indem du dir ein goldenes Licht in deiner Mitte oder in der Mitte des Grundstückes vorstellst. Visualisiere für dich selbst einen Lichtkreis oder eine aus deinem Herzlicht gespeiste Lichthülle der Zentrierung zu deinem Schutz. Umrunde dann zuerst, wenn möglich mit deinem Blick oder in deiner Vorstellung den gesamten Ort und stell dir vor, wie ringsherum die Begrenzung in goldenem Licht aufleuchtet, wie ein goldenes Band, welches das gesamte Grundstück umschließt. Sprich laut oder sage dir innerlich: »Kraft des ICH BIN das ICH BIN ist dieser Ort rein und klar.« Danke, dass die Reinigung und Klärung geschehen ist!

Stelle dir, soweit möglich, dabei vor, wie das gesamte Grundstück von der Erde her in goldenem Licht aufzuleuchten beginnt. Geht dies an einigen Stellen schwer, so nutze Räucherwerkzeug, Klänge und Kristalle wie bei der Raumreinigung beschrieben.

Stell dir weiterhin vor, wie sich vom Himmel ein Meer aus feinen, goldenen Strahlen wie ein sanfter Regen auf das gesamte Grundstück ergießt und wie sich der Ort nun vor deinem inneren Auge verändert. Schatten, die nach oben ins himmlische Licht gezogen werden oder in die Erde einsinken, um sich zu lösen, begleite mit deinem Segen und einem liebevollen Blick.

Kannst du dir vorstellen, dass das gesamte Grundstück in goldenem Licht erstrahlt, so segne den Ort dankbar und in Freude, dass die Reinigung geschehen ist.

Wenn du magst und es die Witterung erlaubt, lege dich im Anschluss an die Reinigung auf den Boden ins Moos oder Gras oder lehne dich an einen Baum. Spüre Mutter Erde und ihre Dankbarkeit und lass auch dich von ihrer Reinheit und Liebe berühren.

Energetische Reinigungen sind kein sogenanntes »Hexenwerk« und sollten auch nicht als »Gegenzauber« von Verwünschungen oder Ähnlichem angesehen werden. Jeder Gedanke an Verwünschungen, Flüche, energetische Verunreinigungen oder »Böse Blicke« bindet diese. Das Erkennen und die Klarheit deiner geistigen Ausrichtung auf die Reinheit sind entscheidend dafür, wie einfach sich eine Reinigung auch von stark disharmonischen Feldern und Orten durchführen lässt.

Deiner reinen Absicht nach kannst du alles in Reinheit bringen. Gelingt es dir momentan nicht, so bitte Menschen mit reinen Absichten um Mithilfe. Mancherorts bedarf es der Kraft der klaren Absicht vieler Lebewesen. Prüfe bitte mit deinem Herzen, wer dir helfen kann. Man braucht dazu nicht so sehr eine Ausbildung, als vielmehr die reine Absicht, verbunden mit einer feinen und umfassenden Wahrnehmung. Wahre Reinheit ist eher still und bescheiden. Dein Herz kennt immer die Wahrheit und wird die richtigen Menschen zur Mithilfe finden.

## Heilung für stark belastete Orte und Regionen

Manche Grundstücke lassen sich äußerst schwierig reinigen. Das liegt daran, dass in der Geschichte von Mutter Erde an diesen Orten unter Menschen unfassbar schmerzhafte Dinge geschehen sind. Die geistigen Energien tragischer Ereignisse, oft auch von Wesenheiten oder gar ganzen Völkern können ruhelos an solche Plätze gebunden sein. Die disharmonischen Energiefelder sind über die Naturelemente an diesem Ort gespeichert und sitzen fest, bis alle Beteiligten Frieden finden.

Solch unerlöste Energiefelder sind ein Grund dafür, dass nicht nur an diesen Orten, sondern auch auf der ganzen Welt innerhalb bestimmter Volksgruppen oder zwischen bestimmten Völkern immer wieder Streit, Gewalt und Krieg aufflammen. Die Reinigung solch stark belasteter Orte ist eine wichtige Herzensarbeit, welche von vielen selbstlosen Menschen durchgeführt wird und die heute auf Mutter Erde trotz des Gewaltpotentials eine gewisse Stabilität bringt.

Unerlöste Orte mit stark belastenden Energien, gebundenen Wesen oder Völkern benötigen die Energie der *göttlichen Gnade* und sind vorzugsweise durch das Zusammenwirken vieler Menschen zu heilen. Das Licht des Rauchquarzes wirkt hier besonders heilsam.

Für die Erlösung eines derart belasteten Ortes gehe folgendermaßen vor. Besinne dich zuerst, ob du diese Reinigung allein erbitten möchtest oder dich an weitere Menschen wenden kannst, die dir reinen Herzens behilflich sein können. Je mehr Menschen mit reinen Absichten sich finden, um so besser. Spüre in dich hinein und fühle, was der Ort braucht und was du brauchst.

Jeder Mensch, der sich für die Reinigung zur Verfügung stellt, gehe im weiteren so vor:

Zentriere dich zuerst selbst und stelle dich in einen Lichtkreis oder eine Lichthülle. Führe gemeinsam mit allen Beteiligten eine Reinigung des Grundstücks aus, wie oben beschrieben, und achte dabei auf deine Zentrierung und deinen Schutz.

Werde dir nun der *göttlichen Gnade* bewusst, welche uns allezeit gegeben ist. Bete über die *göttlichen Gnade* innerlich oder laut mit eigenen Worten, Gedanken und Gefühlen. Spüre in dich, wie sich dir während des Betens die *göttlichen Gnade* zeigt. Fühle ganz besonders in deinen Scheitel, welche Kraft von oben zu dir fließt, in deine Füße, was von der Erde zu dir strömt, und dann spüre in dein Herz, welche Kraft und Liebe sich hier zeigt. Lass alles Licht, alle *Energie der Gnade* sich in deinem Herzen sammeln.

Bitte alle Beteiligten, Mutter Erde, den Deva des Ortes und die Naturwesen um Mithilfe, Frieden zu bringen und Vergebung zu erfahren. Dann stell dir vor, wie sich dein Herz öffnet und aus ihm, wie auch aus deinen Händen das *Licht der Gnade* in den Ort fließt.

Während du dein Herz öffnest und in dir geschützt bist, kann es sein, dass dennoch so manche Erlösungsenergie durch dich hindurchströmt und du Schmerz verspürst, weinen oder schreien musst. Es ist möglich, dass ein Seelenanteil von dir selbst an diesem Platz gebunden war, und auch, dass du mit deinem Mitgefühl so weit gehst, andere Wesen durch dich selbst zu spüren und ihnen damit zu helfen, in Frieden zu gelangen.

Lass alles so geschehen, wie es sich in dir stimmig anfühlt. Für das Mitgefühl und die Liebe gibt es kein Maß. Es geht mehr darum, wie viel du dir momentan zutraust, durch dich fließen zu lassen und dafür die volle Verantwortung zu übernehmen.

Die Nachwirkungen einer energetischen Reinigung können bis zu drei Tage anhalten. Wenn du unsicher bist oder auch einfach, weil es sich gut anfühlt, führe immer wieder einmal bei dir selbst eine Aurareinigung durch oder lass dir dabei helfen. Deine eigene Zentrierung und die Fähigkeit, mit Mitgefühl und Liebe aus deinem Herzen zu handeln, sind die Schlüssel der Heilung, welche in ihrem Fluss auch dich durchströmt.

Es ist möglich, dass stark belastete Orte eine wiederholte Reinigung durch viele Menschen benötigen. Dies ist angesichts der Gewalttaten, welche Menschen einander angetan haben und heute noch tun, durchaus denkbar. Achte immer auf deine eigene Kraft und Herz-Zentriertheit, wie viel du wann zur Erlösung und zum Frieden beitragen kannst, und achte auch jeden anderen Menschen in seinen Entscheidungen.

Als Zeichen, dass die Reinigung vollbracht ist, erscheint bei Erfüllung *göttlicher Gnade* durch den Menschen oft ein Zeichen des Himmels. Es kann sein, dass sich dieses Zeichen direkt im Anschluss zeigt, es kann aber auch erst einige Tage danach oder viel, viel später geschehen.

Nicht immer, aber sehr oft erscheint ein Regenbogen. Du wirst das Zeichen wahrnehmen, wenn es erscheint. Wenn du einmal für einen Ort mit Hilfe der göttlichen Gnade Frieden gewirkt hast, so wird sich dir unter Umständen sogar erst Wochen, Monate oder gar Jahre später das Zeichen der Erlösung zeigen. Glaube mir, wenn du den Regenbogen siehst, der als Zeichen des Friedens zu dir kommt, wirst du es deutlich spüren. Dann freue dich, dass Heilung geschehen ist und du zu solchem Mitgefühl und dieser Liebe fähig bist.

# Heilsame Felder

Die Welt, in der wir leben, ist ursprünglich von *der einen göttlichen Kraft* in reiner Liebe erschaffen worden. Der Mensch hatte je die Macht und besitzt sie noch immer, in dieser Welt nach Herzenslust zu schöpfen. Doch er hat auch all jene Schöpfungen zu erfahren, die er nicht in der Absicht der reinen Liebe erschafft.

Schöpfungen getrennt vom göttlichen Geist wirken auf den Menschen stets als Behinderungen, darin jedoch als der Gegenpol zur göttlichen Einheit wiederum als Anregung zu seiner Entwicklung.

Die Menschheit insgesamt ist ein überaus mächtiges Wesen, welches stets und ständig erschafft. Im Vergessen der ureigenen Wahrheit hat die Menschheit jedoch viele unharmonische Schöpfungen in die Welt gebracht und tut es noch. Daher ist es wichtig, dass jeder einzelne Mensch sich dessen bewusst ist, welche Verantwortung er für sich selbst und das gesamte Kollektiv Menschheit trägt. Jeder Mensch, der sich erinnert, wer er in Wahrheit ist und welche Macht und Liebe ihm zu eigen ist, wird stets weitere Menschen erinnern, sich in der Summe und Verbundenheit aller Menschen zu erfahren. Die Menschheit erwacht.

Jede Schöpfung existiert zuallererst geistig und als Energiefeld, durch welches die materiellen Erfahrungsräume entstehen. Die einzige Kraft, die Wahrhaftiges erschafft, ist die *göttliche*, welche *alle* Energien des Universums in sich selbst ewig in liebender Harmonie hält. Diese *eine* Kraft existiert in jedem Menschen.

Jeder Mensch entscheidet selbst, welche Energien ihn zu seinen Schöpfungen inspirieren dürfen. Der Mensch hat immer die Wahl. Er kann durch sich einzelne abgespaltene Energien ohne Harmonie und Liebe wirken lassen oder sich der *einen* harmonischen Kraft der Gesamtheit aller Energien zum *Wohle aller* öffnen. Allein inspiriert von dieser *einen* Kraft wird der Mensch zum wahrhaftigen Schöpfer und zu dem überaus mächtigen Wesen, das er in Wahrheit ist.

Die Erlösung vom Vergessen der Menschheit erfolgt über die Erinnerung jedes einzelnen Menschen. Sich an die jedem innewohnende Wahrheit zu erinnern, bedeutet für jeden Menschen, dass er sich von der *einen* göttlichen Kraft inspirieren lässt.

Diese Inspiration erfolgt immer im eigenen Herzen, in dem die ewige Quelle pulsiert. Das Herz, welches wacher und wacher wird, fühlt, ob etwas in Liebe besteht, weil es in Harmonie ist, oder ob es noch nicht harmonisch ist. Allein das Herz eines Menschen ist in der Lage zu erkennen, ob etwas in reiner Absicht und Liebe zum höchsten Wohle von *allem, was existiert* erschaffen wird oder nicht. Die Wahrheit liegt als Samenkorn ewig in eines jeden Menschen Herz. Es kann und darf sich jeder Mensch allein in sich selbst erinnern. Und jeder einzelne Mensch, der sich erinnert, ist für die Erinnerung aller von größter Bedeutung.

Es gibt Menschen, die erinnern sich ihres wahren Ursprungs hauptsächlich im Gebet, andere in der Natur. Manche erinnern sich besonders über einen Lehrer, manche im Leid, manche im Glück. Alles ist Entwicklung, und *Gott* ist überall und in allem enthalten. Jeder Mensch besitzt in der Tiefe seines Herzens den direkten Draht zu *Gott*. Es braucht keine Vermittler zu *Ihm* und der *einen* Wahrheit. Dies widerspräche dem göttlichen Prinzip, *das* alle Menschen seine Kinder nennt und *das* zu *allen* gleichermaßen spricht. Es geht allein um die Erinnerung: an unser wahres Selbst, an unsere wahre Macht und an die Macht der Menschheit im Ganzen.

Alle irdischen Resonanzmagnetfelder, im weiteren einfach als Felder bezeichnet, die in nicht harmonischer Absicht erschaffen sind, können durchaus mächtig auf einzelne Menschen oder Gruppen einwirken, solange sie Nahrung erhalten. Felder wachsen durch jedes Gefühl, auch jede Angst und Ohnmacht, die der Mensch ihnen gegenüber empfindet. Felder wachsen besonders durch die Masse an Menschen, welche sie durch ihren Glauben und die Intensität der ihren Glauben begleitenden Gefühle nähren, gleichgültig, ob zustimmender oder ablehnender Natur.

Es ist von großer Bedeutung, ob die Menschen wach sind oder schlafen. Schlafende Menschen sind wie Lebensenergiebatterien für jene, welche diese für sich selbst und nicht für das Wohl des Ganzen zu nutzen wissen.

Ein erwachter Mensch wird niemals einen Schlafenden benutzen, sondern wünschen, ihn ebenfalls wach zu erleben, um mit ihm gemeinsam zum Gemeinwohl zu schöpfen.

Felder, die ein erwachter Mensch in der Gemeinschaft mit anderen erwachten Menschen erschafft, sind von einer Mächtigkeit und Dauer, die unharmonisch entstandene Felder niemals erreichen können. Die Erschaffung eines Feldes in Liebe und Harmonie als Ausdruck der Gemeinschaft vieler Menschen mit reinen Absichten ist aufgrund der universellen Gesetze unendlich viel stärker und lässt alle unharmonischen Felder im Licht verblassen und am Ende auflösen.

Spüren wir im irdischen Erfahrungsraum heute noch zu wenige liebevolle und harmonische Felder, aus denen wir die Weisheit unserer Ahnen und des wahren Ursprungs auf Erden ziehen können, so dürfen wir neu schöpfen, wozu das Herz in Liebe inspiriert. Alle Erinnerung an Ganzheit, Liebe und Harmonie ist in uns.

Dabei gilt es, Altes in Achtung gehen zu lassen, um daraus Neues schöpfen zu können, was in liebender Harmonie existieren darf. Es geht niemals darum, Altes als schlecht zu verschmähen. Alles ist Energie, und alle Energien sind wertvoll, so wie jeder Mensch zur Menschheit beiträgt. Es geht um die Wandlung aller Bausteine zur Einheit in Harmonie. Nichts kann je ausgeschlossen sein.

So erschafft der erwachte Mensch in Achtung vor *allem, was existiert*, gemeinsam mit anderen im Erwachen und für das Erwachen aller, neue harmonische Strukturen. Diese sind stärker als die alten, zu Hemmnissen gewordenen Formen, deren Energien diese selbst auflösen. Jede Energie strebt immer dem Höchsten zu. Wird eine Energie abgelehnt, wird sie sich gegen die ablehnende Energieform auflehnen und kämpfen; zu Recht, denn auch sie gehört zum Ganzen dazu. Wird sie akzeptiert, kann sie stärkend zum Höchsten dazufinden.

Die Menschheit ist herausgefordert, kreativ und in reiner liebevoller Absicht Felder der Harmonie zu erschaffen und dabei alles anzuerkennen, wie es derzeit ist. In Anerkennung neue, liebevolle Inspirationen in die Welt zu bringen, löst Altes auf und erbaut aus den freiwerdenden Energien neue, höhere Grundstrukturen liebevolleren Miteinanders auf Mutter Erde.

So können sich Krankheitsfelder nur lösen, indem Felder der Gesundheit und der ewigen Jugend und Vitalität erschaffen werden, die durch ihre stärkere Leuchtkraft und höheren Schwingungen die Energien der alten Strukturen aufzunehmen in der Lage sind. Felder von Leid werden Feldern der Lebensfreude weichen, und Felder von Schmerz denen der alles verbindenden Liebe.

Manchmal ist es natürlich notwendig, dass sich der Mensch oder ein Kollektiv noch einmal dem Alten zuwendet, um zu erkennen, warum ein Weg in Trennung und Schmerz geführt hat. Ist eine Rückschau nötig, wird sich dies immer zeigen. Doch oft reicht bereits die Ausrichtung auf das Gewünschte aus, Neues in Liebe erschaffen zu können.

So dürfen Felder entstehen, die die Bildung liebevoller Partnerschaften und Familien fördern vom Erschaffen eines eigenen Lebensraumes für die Liebe über die Trauung und die Zeugung der Kinder bis hin zu einem freudvollen Miteinander und der Verewigung der menschlichen Schöpfung auf Erden und im All. Es dürfen Felder natürlicher Gesundheit entstehen und Felder achtsamer und wertschätzender Erziehung der Kinder. Es dürfen Felder harmonischer Lebensweise mit der Natur und wieder in der Natur entstehen und Felder des würdevollen Alterns. Es dürfen aus allem Alten neue Felder entstehen zu jeglichen Schöpfungen, die zum *Wohle aller* wirken.

Jeder Mensch, der so, wie es gerade ist, mit den alten Strukturen nicht mehr leben mag, da er nichts in seinem Lebensraum findet, was seinem Herzen entspricht, mag sich zum Pionier erheben, seinen innersten Inspirationen Raum zu geben, während er anerkennt, *was ist.* Du selbst wirkst durch deine innerste Erfüllung mit an der Erschaffung harmonischer Felder, während alte disharmonische Strukturen, die nicht weiter genährt werden, zerfallen.

## Die Erschaffung von Heilungs- und Aufstiegsfeldern

Es existieren im Erderfahrungsfeld natürlich Felder der Liebe und Einheit mit der göttlichen Quelle. Neben den sich zumeist als sehr stark und beängstigend aufblähenden disharmonischen und aggressiven Feldern, wirken die Felder der Liebe still und unaufdringlich. Dennoch sind sie durch ihre innere Harmonie kraftvoll und stetig wirksam.

Alle Felder, die nicht auf die bedingungslose Liebe und Harmonie in der Einheit ausgerichtet sind, zielen im Grunde auf Trennung und Zerstörung von Ganzheit und bewirken damit unausweichlich auch ihre Selbstzerstörung. Solche Felder mit zu erschaffen – dummen »Kindern« gleich, die nicht wissen was sie tun – ist ein Phänomen auf Erden, das dadurch getragen wird, dass Menschen sich von anderen abheben möchten oder ihren Stolz, ihr Ego, ihren Titel oder ihre vermeintliche Macht zur Schau stellen wollen oder einfach immerzu nach neuer Anerkennung und Aufmerksamkeit verlangen, welche ihnen in sich selbst noch fehlt.

Doch auch dieses Phänomen ist ein Schritt zur Meisterschaft des Menschen und der Menschheit, da zwei Pole immer wieder zur Ganzheit führen. Wir entwachsen vielleicht nun endlich unseren Kinderschuhen und werden als Menschheit langsam erwachsen, tragen bewusster Verantwortung für all unser Tun. Sich darüber zu ärgern, dass Menschen – unbewusst, machthungrig oder dumm – schädlich Wirkendes in die Welt bringen, würde Schädliches nur verstärken. Auch Schuldzuweisungen treffen immer den Absender selbst. Werden wir also erwachsen, spüren wir nach, was wir wahrhaft ersehnen, und richten wir uns darauf aus, es zu erschaffen. Gehe ein jeder in Eigenverantwortung als gutes Beispiel voran.

Solange ein Feld Energie in Form von Aufmerksamkeit erhält, kann es sich nähren und erhalten, egal ob es eher in Harmonie oder Disharmonie besteht. Das ist der Grund, warum Medieninformationen eine so große Wirkung haben. Jeder unbewusste Mensch nährt mit seinen Gefühlen das, was von einigen wenigen ausgewählt gesendet wird.

Felder, welche Gewünschtes beinhalten, möchten durch die innerste Ausrichtung auf die Erfahrungswünsche genährt sein, so als wären sie bereits Realität. Die Feldausrichtung erfolgt über die Gedanken und erhält ihre Wirkkraft von den begleitenden Gefühlen.

Je höher schwingend, also zum Wohle des Ganzen wirkend, ein Feld ist, um so stabiler und langlebiger ist es. Hochschwingende Felder sind stabiler, weil sie sich durch unser Innerstes in Harmonie tragen. Es ist eine Frage der Disziplin, dem Wohle des Ganzen dienliche Gedanken auszuwählen und zu erzeugen. Und es ist eine Frage der Annahme von *allem, was ist*, jegliche Gefühle als wertvolle Energie nutzen zu können.

In jedem Menschen lebt der Funke *Gottes* und damit nicht nur das Wissen um Einheit und Harmonie, sondern auch die Fähigkeit, diese in sich zu erreichen. Je bewusster ein Mensch mit seinen Gedanken und Gefühlen umgeht, um so mächtiger wird er seine Schöpferkraft zum höchsten Wohle einsetzen.

Die einzige Möglichkeit, einen sanften Übergang von Feldern der Disharmonie zu Feldern der Harmonie zu schaffen, ist gleichermaßen mit der Annahme und Akzeptanz aller Felder verbunden, die es derzeit gibt. In der Anerkennung dessen, *was ist*, erfolgt die Ausrichtung auf die Einheit und Harmonie von *allem, was existiert*. Nur durch An-Erkennung eröffnen sich Räume der Mitte, wo aus Altem Neues zu erschaffen möglich ist. Alle Gedanken- und Gefühls-Energien, die nicht mehr durch Ablehnung oder Kampf kranke und disharmonische Felder nähren, werden frei für Schöpfungen höherer Schwingung. Keine Energie geht je verloren. Doch jede Energie braucht eine gute Richtung.

Während Menschen aus dem Herzen heraus neue Felder der Liebe erschaffen, ergibt sich ganz natürlich ein struktureller Umbau der bestehenden Verhältnisse zu den Grundlagen einer harmonischen und liebevollen Lebensweise auf Mutter Erde.

Der selbstbewusste Mensch entscheidet immer selbst, wohin er seine Energie in Form von Gedanken lenkt und was seine Gefühle nährt. In bewusstem Gewahrsein kann ein Mensch die Energien aus sich heraus lenken, wie es seinem und *aller höchsten Wohl* entspricht. Wenn ein Mensch jedoch lediglich seine Welt »bedient« und auf Anforderungen von außen nur automatisch reagiert, wird seine wertvolle Lebensenergie unbewusst zu allem fließen, was ihn berührt.

Ob es sich um Ärger handelt, um Euphorie oder um das Wohlgefühl im Streben nach Anerkennung, alles unbewusste Reagieren nährt bestehende Felder der Trennung von der Ganzheit. Jeder Mensch bewegt sein selbst erbautes Hamsterrad mit eigener Kraft. Allein die Gedanken und Handlungen, die den Gefühlen aus dem Innersten des Herzens, der wahren

Inspiration folgen, können Felder schaffen und nähren, die in stabiler Harmonie der Ganzheit bestehen. Du kannst jederzeit aus deiner Hamsterrad-Automatik aussteigen, um der bewusste Mensch mit liebevollen Absichten zu sein, der du innerlich bereits bist.

Ein unbewusster Mensch lebt als ein Energiespender für Gedanken anderer Wesen, die sich seine Unbewusstheit zunutze machen. Stell dir vor, Gedanken sind Fortbewegungsmittel ähnlich einem Gefährt mit einem Lenkrad und Rädern zur Fortbewegung, deine bewusste Absicht zeigt die Richtung an, in die es fahren wird, deine sie begleitenden Gefühle sind der Kraftstoff und deren Intensität ergibt die Geschwindigkeit. Magst du dich bewusst entscheiden, wohin du mit all den anderen Menschen unterwegs bist?

Da ein Mensch, wenn er sich auf etwas konzentriert, dieses ewig nährt, hat er nur eine Wahl, die Konzentration auf das zu unterlassen, was ihm nicht gut tut und sich darauf zu konzentrieren, was er erleben möchte.

Es bedarf zum Verlassen des Hamsterrades der Unbewusstheit einer Neuausrichtung auf Gutes und Wertvolles, denn Gedanken und Gefühle sind stets vorhanden und möchten eine Richtung erhalten. Meditation ist eine gute Möglichkeit, sich der unbewussten Gedankenflut bewusstzuwerden. Ganz in Stille zu sein, ist auf Dauer natürlich schwer und nicht für jeden zu erreichen. Dennoch ist die Stille der machtvollste Moment überhaupt. Ein Gedanke, welcher der Stille, also der absoluten Harmonie von allem und nichts entstammt, ist überaus mächtig.

Befindet sich ein Mensch nicht in wunschloser Stille, was zumeist der Fall ist, bedarf es guter Inspirationen sowie Felder, auf die er sich ganz natürlich ausrichten kann.

Für die rechte Inspiration liebevoller Erfahrungsfelder kann jeder Mensch sein eigenes Herz befragen, indem er in sich schaut, was er auf der Erde erleben möchte. In jedem Menschen lebt die *ewig göttliche Inspiration* über die Vision seines Herzens.

Es gibt durchaus Menschen, die hier momentan nichts fühlen können. Und es gibt auch Menschen, die die absolute Stille zu erreichen wünschen, in der sie, ohne Wünsche zu haben, einfach da sind und damit der *einen* göttlichen Kraft durch sich selbst den Raum geben, in ewiger Harmonie zu sein.

Es gibt auch Menschen, die wie Pioniere Neues aus sich schöpfen und so Tore öffnen und alle Menschen einladen, gemeinsam liebevolles Neues zu erschaffen. Jeder Mensch ist gefordert, sein Bewusstsein zu erweitern und die Tiefe seines eigenen Herzens auszuloten. Jeder einzelne muss lernen, sich selbst mit dem, was in seinem Innersten lebt, wahrhaft von Herzen einzubringen. Jeder ist machtvoll. Jeder wird gebraucht. Der eine gibt die absolute Stille, der andere Inspiration. Ein jeder, der nur mitlaufen möchte, andere als lichtvoller anhimmelt oder unbewusst nur spielen will, untergräbt seine eigene Schöpfermacht und damit die Kraft der ganzen Menschheit.

Möge ein jeder in sich forschen, was er zu erleben wünscht und dies am höchsten Wohle von *allem* ausrichten. Und ist das Wohl des Höchsten einmal nicht zu fühlen, so sollte immer die Ausrichtung auf das höchste innerste Fühlbare oder die Stille gesucht werden.

Mögen hier die Kristalle bewusst Anwendung finden, um zu stärken, was das Herz ersehnt. Kristalle sind über ihre heilsamen Eigenschaften hinaus nicht nur wertvolle Speicher des göttlich-menschlichen Potentials auf Erden. Sie können uns mit hoher Speicherkapazität auch dienen, neue liebevolle Informationen zielgerichtet und auf Dauer auszusenden.

Über die Kristalle der Mutter Erde sind uns viele Informationen liebevoller und hochschwingender Felder über Zeitalter erhalten geblieben, aus denen wir heute noch schöpfen können. Viele Informationen sind auch verlorengegangen. Doch dies ist weniger ein Manko, als vielmehr ein Aufruf an jeden einzelnen Menschen, aus Altem ganz Neues zu schöpfen. Es ist eine Herausforderung an das Vertrauen in die Menschheit, neu zu erfahren, dass der Mensch als Kind *Gottes* die gesamte Schöpfermacht und Fähigkeit zur Einheit immer in sich trägt. Und es ist eine Aufforderung an jeden einzelnen zur Erlangung höheren Bewusstseins.

Bewusste und liebevolle Menschen bringen auf Mutter Erde neue harmonische Felder zum Klingen. Diese dürfen zum Mitschöpfen und zur weiteren Inspiration einladen. Alle diese Felder leben von der Gemeinschaft und sind kollektive Schöpfungen mit dem Wunsch nach einem Leben im Einklang mit der Natur.

Da sind neu inspirierte Felder für liebevolle und gleichberechtigte, achtungsvolle Partnerschaften, für glückliche Familien und auch zu

Familienlandsitzen sowie zur bewussten Zeugung von Kindern und das begleitende Heranwachsen zu wertvollen Menschen, so wie Anastasía aus der russischen Taiga uns inspiriert.

Es existieren diverse Felder zur Überwindung von Krankheiten durch Harmonisierung von Körper, Geist und Seele sowie für das Nachwachsen von Zähnen und Organen. Felder, die allen Menschen ausreichende und echte Lebensmittel bieten, und Felder, welche Umweltverschmutzung und Müllprobleme lösen können, wirken bereits, ebenso wie Felder zur Entgiftung von Mensch und Natur sowie zur Nutzung freier Energien.

Auch Felder wahrer Selbstverwirklichung sind im Entstehen, was daran zu erkennen ist, dass sich viele Menschen aus sogenannten Beschäftigungen lösen, um sich auf den Weg zu machen, das zu tun, was ihnen wahrlich am Herzen liegt.

Viele heilsame Felder sind am Keimen und Wachsen. Sie sind so lange in Veränderung begriffen, wie Menschen sich bewusst einbringen, um die Harmonie zu stärken. Auch du bist wichtig. So bringe dich von Herzen ein. Sei du selbst Teil der Veränderung, die du dir wünschst in dieser Welt.

## Dein Herzlichtmagnet im Bewusstseinsfeld der Menschheit

Jedes einzelne Herzlicht existiert als Teil eines ausgedehnten Lichternetzes, welches die ganze Mutter Erde umspannt und durchdringt. Mutter Erde selbst besitzt ein Herzlicht, welches oft als Erdzentrum, Erdmittelpunkt, Erdenherz oder als Erdenherzchakra bezeichnet wird und nicht mit dem geologisch beschriebenen Erdkern zu verwechseln ist. Über das Herz der Erde ist jeder Mensch in seinem irdischen Dasein als Mensch und als Teil der Menschheit verankert. Darüber hinaus ist jeder Mensch über sein Herz mit allen anderen Menschen immerwährend verbunden. Das Lichternetz der Menschheit auf Mutter Erde stellt ein mächtiges Bewusstseinsfeld und als solches ein gigantisches Resonanzmagnetfeld dar.

Die Herzverbindungen der Menschen und zwischen Mutter Erde und den einzelnen Menschen unterliegen keinerlei Bedingungen und

Bewertungen. Sie sind vollkommen frei von Zeit und Raum und ewig vorhanden. Die Herzverbindungen sind unabhängig davon, ob die einzelnen Menschen sich ihrer bewusst sind oder nicht. Sie bestehen über die einzelnen Inkarnationen des Menschen hinaus, da Vergangenheit, Gegenwart und Zukunft eins sind und ein jeder Mensch immer Teil der Menschheit und auf Erden immer ein Kind von Mutter Erde ist.

So betrachtet, erkennt der Mensch seine Bedeutung im Lichternetz der Menschheit, die nicht ohne ihn und er nicht ohne sie vollständig existieren kann. Alle Gedanken, Gefühle und Handlungen, die ein Mensch je aussendet, also das eigene physische Leben übergreifend, sind für die gesamte Menschheit in Erdenzeit und für Mutter Erde von Bedeutung, erscheinen sie ihm selbst auch als noch so unbedeutend.

Alles, was du je aussäest, gleichgültig, ob bewusst oder unbewusst, wird immer als Ernte um ein Vielfaches verstärkt zu dir zurückkehren, egal in welcher Zeit, in welchem Raum. Bist du dir dessen bewusst und erkennst du zunehmend die Bedeutung deines Daseins und deine Verantwortung auf Mutter Erde und im Gefüge der gesamten Menschheit, wirst du immer danach streben, nur allein das auszusenden, was dem *höchsten Wohle aller* entspricht. Die Entwicklung deines Bewusstseins dient diesem Ziel, dich als liebender und unabdingbarer Teil der Menschheit – wie einem einzigen lebendigen Wesen – zu erfahren und das Bewusstsein der gesamten Menschheit in dir zu einen.

Der Schlüssel dazu, diesen Weg anzutreten, der dich als einziger dauerhaft glücklich werden lässt, liegt in deinem Herzen, welches sein Licht für dich erstrahlen lässt, wenn du alle in dir enthaltenen Qualitäten urteilsfrei anerkennen kannst. Immerwährend und auch, bevor du dies erkennst, ist dein Herzlicht bereits Teil des Lichtnetzes der Erde und wirkt fortwährend mit allen anderen Herzlichtern zusammen in einem höheren Ganzen.

Je mehr sich deine innere Wahrnehmung verfeinert, um so eher wirst du dir der Vernetzung gewahr. Du kannst immer besser spüren, wenn es anderen Menschen in deiner Nähe oder Verwandtschaft schlecht ergeht. Du fühlst zunehmend auch Leid oder Freude fremder Menschen oder sogar etwas in dir, wenn sich am anderen Ende der Welt eine Naturkatastrophe ereignet hat.

Dein Herzlicht wirkt in diesem vollendeten Netz nicht nur empfangend und aussendend, sondern auch magnetisch. Dies bedeutet, dass du eher von Menschen Signale und Schwingungen wahrnimmst und dich solchen Menschen näher fühlst, welche eine ähnliche gedanklich-emotionale Ausrichtung besitzen wie du. Diese Resonanz hat zur Folge, dass du dich mit »Gleichgesinnten« zu höheren Manifestationen vernetzt. Diese Resonanz hat auch zur Folge, dass du dich von anderen Menschen zeitweise entfernst, wenn die Schwingungen unähnlich sind, jedoch nur, um am Ende alle Ganzheit in der Vereinigung der Gegensätze zu meistern.

Nun stell dir vor, du bist dir deiner innersten Liebe und Allverbundenheit derart bewusst, dass deine tiefsten Herzenswünsche zur Entwicklung deiner Seele und zum *höchsten Wohle* der gesamten Menschheit sich kraftvoll in dir zeigen und du ihnen vertrauensvoll Raum gibst, sie zu erfüllen. Du würdest dich sofort mit ähnlich ausgerichteten Menschen bewusster und feiner vernetzen und selbst zum kraftvollen Impuls für Manifestationen werden, die dem *höchsten Wohle aller* dienen. Dein Herzlicht würde auf der Feldebene kraftvoll aufleuchten und Licht über die Verbindungsleitungen der Menschheitsvernetzung senden, welches andere berührt, zu dir führt oder erinnert, die ähnliche Visionen in sich tragen. Du würdest gleichsam geschützter in dir bewusst bleiben können. Da sich die Verbindungen zu Menschen, denen momentan das Bewusstsein für derartige Schöpfungen fehlt, von dir aus mit deinem Aufleuchten bis zu ihnen hin mit Licht füllen, erhellst du alle Pfade, welche von dir zu anderen strahlen, so weit es gerade möglich ist. Licht erhellt die Dunkelheit. Dunkelheit dagegen ist eine Illusion, die sich nur dort ausbreiten kann, wo das Licht zurückgezogen wird.

Ziehen Menschen sich aus ihrem Herzen zurück, so versinken sie in ihrer eigenen Dunkelheit. Werden sie von einem anderen Herzen über die Lichtverbindungen berührt, so können sie sich leichter erinnern und selbst wieder zu Licht werden.

Im Gefüge dieses riesigen Bewusstseinsnetzes der Menschheit auf Mutter Erde gibt es je nach Ausrichtung der einzelnen Menschen, je nachdem, ob ein Mensch seinem Herzen folgt oder der Illusion Dunkelheit mehr Aufmerksamkeit schenkt, viel Bewegung. Diese teilweise mächtigen und umwälzenden Bewegungen im Ganzen bewirken die Entwicklung der gesamten Menschheit. Spürst du darin, wie wichtig allein du bist? Kannst du erahnen, wie wichtig jeder Lichtstrahl, der aus deinem Herzen kommt, jeder Gedanke, der deinem innersten Seelenwunsch entspricht, für das Voranschreiten der gesamten Menschheit ist? Fühlst du, wie wertvoll es ist, dich zu erfüllen und das, was in deinem Herzen wohnt, ans Licht zu bringen?

Du magst vielleicht in dem Augenblick, in dem du etwas aus deinem Herzen hervorbringst, nicht spüren, wie wertvoll es ist. Doch wisse, sei es der freundliche Blick zu einem Menschen, der gerade in Kummer versinkt, oder die Freude über den Vogel, dessen Zwitschern dich am Morgen begrüßt, jede Gefühlsregung, jede Ausrichtung, die dich dein Herz spüren lässt, erfüllt die Verbindungen im Netz der Menschheit mit Licht, welches sich ausbreitet und bei anderen Spuren hinterlässt.

Dein Herz existiert als ein multidimensionales Resonanzmagnetfeld mit verschiedenen Polaritäten, um diese erfahrend zu überwinden zu höherer Ganzheit in sich. Dein Herz steht niemals allein, es ist Teil einer allumfassenden Ganzheit, die sich zu einem höheren Sein hin entwickelt. Dein Herz zu erfüllen und das, was tief in dir lebt und erfahren werden möchte, anzuerkennen und freizulassen, macht dein Innerstes zu einem Herzlichtmagneten, welcher im Bewusstseinsnetz der Menschheit erstrahlt. Solch ein Licht zieht viele Lichter an und erinnert dereinst jeden, der sein Licht noch nicht wahrnehmen kann.

So sei das Licht, das du bist, vollkommen, rein und klar. Erlebe dich selbst zuallererst als das Licht, das du bist, bevor sich die Veränderung im Außen einstellen kann, die du dir wünschst. Werde dir zuallererst deiner selbst, deiner Seele und deiner lichtvollen Verbindung zur Mutter Erde bewusst.

## Das Lichtchristall-Bewusstseinsnetz der Erde

Erinnere dich: Jeder Mensch, welcher auf Mutter Erde lebt, je lebte und noch leben wird, ist Teil eines unermesslichen Lichternetzes aus liebendem Bewusstsein. Sich daran zu erinnern, ist die Aufgabe eines jeden

Menschen in seinem Herzen. Und die einzige Tat, die einen jeden Menschen befähigt, sich in diesem Lichternetz zu erinnern, ist, sich in der bedingungslosen Liebe, die dem eigenen Herzen entströmt, in einem jeden Gegenüber wiederzufinden.

Du bist ein Mensch, machtvoll, liebevoll, ewig. In deinem Herzen lebt ein Funke aus göttlichem Licht, dich zu erinnern, dein Herz zu erfüllen und in der Liebe aufzugehen, die einem jeden Menschen ewig innewohnt. Einander zu erkennen im Licht, uns miteinander und aneinander erinnernd zu erfahren, dass wir Menschen im Ursprung verbunden und *eins* sind, als reines Licht und liebendes Bewusstsein existieren, dazu sind wir hier.

Du bist Licht, du bist reine Liebe, du bist Teil der *einen* Menschheit, welche als ein Wesen der Liebe existiert. Dieses zu erfahren, dich zu erinnern, dem dient alles, was du erlebst. Die Erinnerung daran, wer du in Wahrheit bist, das allein ist dein Ziel auf Mutter Erde, dem alles Erfahrene dient.

Es ist das Christusbewusstsein, wie es in unserem Kulturkreis benannt wird, das einen jeden von uns zu dem Menschen erhebt, der ein jeder im Ursprung ist. Es beinhaltet das Bewusstsein der liebevollen Einheit aller Menschen auf Erden und in der Harmonie des Alls.

Das Christusbewusstsein ist ein Ausdruck der Anerkennung deines wahren inneren Potentials in reiner Nächstenliebe. Das Christusbewusstsein ist keiner Religion zugehörig, sondern Wurzel der Liebe, die viele Namen kennt und dennoch namenlos ist. Das Christusbewusstsein wird im Grunde in allen Religionen als höchstes Ziel gelehrt. Alle je erschienenen Propheten und Lehrer aller Religionen sind letztendlich in ihrer Meisterschaft in einem Bewusstsein aufgegangen, welches in unserem Kulturkreis als Christusbewusstsein bekannt ist. Unendlich viele Wege innerer Meisterschaft sind dem Menschen möglich, aufgezeigt und bereits beschritten worden. Alle führen zu dem einen Ziel im eigenen Herzen, verbunden mit *allem, was ist.*

Das Lichtchristall-Bewusstseinsnetz der Erde erscheint mir als das Aufstiegsfeld ursprünglicher Liebe und Ganzheit der Menschheit auf Mutter Erde. Es wird durch die Gesamtheit der Mutterkristallenergien der Erde ständig stabilisierend und harmonisierend gehütet. Dieses feine, kraft- und lichtvolle wie auch dynamische Feld des Wachstums und der Entwicklung zur *einen* Wahrheit hin, wohnt allen Menschen inne und verbindet jeden einzelnen gleichsam in Liebe mit allen anderen.

Das Lichtchristall-Bewusstseinsnetz der Erde ist immer derart für dich da, wie du es gerade benötigst, um dich zu erfüllen und zu entwickeln. Deine Liebe zu spüren, dein Herz zu erweitern und dich zu erinnern, ist dein höchstes Ziel. Dessen Erfüllung im Außen zeigt sich in allen Offenbarungen, die dich dein Glück darin empfinden lassen, dem Weg deiner Seele zu folgen.

Das Lichtchristall-Bewusstseinsnetz der Erde entwickelt sich gleichsam höherschwingend mit jedem Schritt, den du in dir gehst, und auch mit jedem Schritt, den ein jeder einzelne Mensch in sich wächst. Mit jeder Erinnerung des ursprünglichen Seins und der uns allen innewohnenden Liebe schwingt das Lichtchristall-Bewusstseinsnetz für ein jedes Wesen in seiner individuellen Verbindung höher, trägt und fordert ihn gleichsam in aller Entwicklung.

Das Lichtchristall-Bewusstseinsnetz erinnert uns an einander, wie an uns selbst. Es leitet uns an, uns des reinen Lichtes in uns, des Christusbewusstseins auf Erden und der All-Einheit von *allem, was ist,* bewusstzuwerden, um daraus zu schöpfen. Die Kristalle dienen uns mit ihrer Liebe als kraftvolle Verstärker höheren Bewusstseins, um uns selbst in unserer Ganzheit der *einen* Menschheit zu erkennen.

Ein jeder Mensch ist in sich liebevoll, machtvoll, rein, schön und vollkommen und Teil eines großen Ganzen, dessen er sich im Herzen erinnert und zu dessen Blüte, sich wieder als *eine* ganze Menschheit zu erfahren, ein jeder sein Herz erfüllen lässt. Und vielleicht erinnerst auch du dich…

# Amethyst

*Empfangen in Begleitung der Energien von Metatron, Erzengel Zadkiel und den Engeln und Meistern des violetten Initiationsstrahls sowie Kuan Yin*

Fühle deinen Atem.
Spüre, wie dein Atem dich erfüllt und wieder verlässt.
Lass den Atem geschehen und werde still.
Lass dich atmen!

Nimm wahr, wie dein Atem dich mit *allem, was ist,* verbindet,
immerdar und ewig,
mit jedem Menschen, jedem Wesen, der Umwelt, dem Kosmos,
dem All...

Während der Atem des Lebens beständig ein- und ausströmt
fühle nun mehr und mehr in deine Mitte, in dein Herz hinein.
Sinke mit jedem Atemzug tiefer in dein Herz hinein.

Während nun violettes Licht gleichsam
aus den Tiefen der Erde wie aus den Weiten des Kosmos zu
dir strömt
und dich nach und nach vollkommen umfängt,
fühle dich im Licht des
Amethyst
liebevoll umhüllt und vollständig geborgen in deinem

ICH BIN:

Ich fühle in mein Herz hinein und nehme den Puls des Lebens in meinem inneren Zentrum wahr. Warm pulsierend und zunehmend hell und golden leuchtend erstrahlt mein Herz in der Transformation des violetten Lichtes wie der Nabel meines ganzen Seins...

Ich spüre die Grenzen meines Körpers nicht mehr, und das Bewusstsein meiner Körperlichkeit löst sich nach und nach gänzlich auf. So bin ich allein ein ganz und gar hell strahlendes, ewig lebendiges und warmgolden pulsierendes Herzlicht inmitten eines Kosmos aus violettem Licht...

Während das All aus violettem Licht mich im Glanz aller in ihm existierenden Sterne umfängt, fühle ich mich selbst einzig als mein Herzzentrum, klar leuchtend und lichterhell entflammt. Ich bin nur Herzlicht. Als ewig liebendes und wie ein neugeborener Stern erstrahlendes Herz, bin ich umhüllt und behütet und ein unentbehrlicher Teil eines größeren Ganzen, welches sich mir als ein Kosmos aus violettem Licht in allen Farbschattierungen offenbart...

Nun nehme ich meine Umgebung wahr. Ich schaue aus meinem als Sternenlicht erstrahlenden Herzen in die Weiten des Kosmos hinein. So weit mein Blick reicht, sehe ich ein Lichtermeer aus Sternensaat. Dieser eine Kosmos ist vollkommen erfüllt und durchzogen mit unendlich aufleuchtenden Lichtern in allen Farben des Seins. Ringsherum um mein Herzlicht nehme ich das von Sternenmeeren durchzogene, violette Licht in alle Ausdehnungen der Unendlichkeit hinein wahr. Ich bin ganz Herz- und Lichtbewusstsein, umgeben von endlos liebendem Kosmos, und ich schaue erwartungsfroh in das violett strahlende und sternenreiche All hinein...

Planeten in allen Verdichtungsstufen ziehen fern und nah ihre Bahnen, Sterne explodieren und werden neu geboren allein aus der *einen Substanz, die alles erschafft* und liebend im Gleichgewicht hält. Und immer wieder nehme ich sich fügende, stabile und sich lösende Gruppierungen wahr, Milchstraßen, Galaxien... unfassbar und doch einer größeren ewig bestehenden Ordnung der Liebe unterliegend...

Als in vollkommener Liebe erglühende Lichter brechen mittendrin Sternschnuppen auf zu letzter Reise, um in überfließender Liebe wieder in die Unendlichkeit des Alls einzugehen. Ich schaue einer besonders schönen Sternschnuppe nach, und ein tiefer Wunsch meines Herzens wird wahr...

Ich bin mittendrin in all den Bewegungen endlosen Lebens und strahle mein Licht in die Weiten des Alls, während eine unbegreifliche Ordnung höheren Zwecks mich ständig bewegt und dabei stets in sich geborgen hält...

Da sehe ich vor meinem inneren Auge einen besonders schönen Planeten in hellblauer Aura erscheinen. Ich bin berührt von dieser Schönheit in blauem Licht und erkenne darin Mutter Erde in ihrer ganzen ursprünglichen Vollkommenheit. Das hell strahlende, blaue Licht hüllt den Planeten in einer schützenden Aura jungfräulich ein. Mein Herz ist augenblicklich tief bewegt von solcher Schönheit und fühlt sich von dem zauberhaft schönen Planeten sogleich magisch angezogen.

Während ich näher zu Mutter Erde hinspüre, ist es, als bewegte ich mich gleichsam zu ihr. Ich sehe ihre zarte Oberfläche unter einem ätherisch blau leuchtenden Firmament in vollkommener Vielfalt erstrahlen...

Farbfluren in sattem Smaragdgrün zeigen sich durchzogen und umgeben von tiefblauen Feldern, Linien und Bögen in Azur bis Indigo. Ich fürchte fast, diese Schönheit zu berühren, so zart und verletzlich fühlt sich von hier die Planetenoberfläche an, während ihr kraftvolles Licht von liebender Stärke zu zeugen scheint...

Ich lasse mich ganz auf diesen atemberaubenden Anblick ein und meinen bewussten Geist über die Oberflächen von Mutter Erde schweben. So nehme ich diesen kostbaren Anblick ursprünglicher und unberührter Natur ehrfürchtig in mich auf...

Als ein starker, liebevoller Gedanke, der meinem innersten Herzen entströmt, sehnt sich mein ganzes Sein zur Mutter Erde hin, und mir ist sogleich, als würde mich Mutter Erde magnetisch anziehen. Und während ich mich ihrer zauberhaften Oberfläche wie in magischem Fluge nähere, spüre ich bald ihren zarten, einmal wohlig wärmenden, einmal angenehm kühlenden Lufthauch des Willkommens. Durch mehrere Schichten ätherischen und luftigen Empfangenseins hindurchfließend, träume ich mich zu Mutter Erde hin, wie ein Kind, welches sich nach der Mutterbrust seliger Nahrung sehnt...

So lande ich bald als reines Lichtbewusstsein auf Mutter Erde inmitten unberührter und absolut vollkommener Natur. Ich bin beinahe überwältigt von der mich hier umgebenden Schönheit, die mich liebend empfängt und zärtlich zu umhüllen scheint. Eine so kraftvolle, tief berührende Liebe nehme ich in mir und gleichsam auf diesem Planeten wahr, dass ich augenblicklich den Wunsch verspüre, hier zu verweilen. Ich wünsche mir einen Körper zu meiner Entfaltung zu erschaffen, der von dieser Liebe zu kosten in der Lage ist. Ich nehme diesen tiefen Wunsch in mir vollkommen wahr, während ich einfach nur mich selbst als strahlendes Herzlicht auf Mutter Erde spüre...

Dann erhebe ich mich, einem inneren Impuls grenzenloser Freude folgend, leicht wieder in meinem Bewusstsein in die Höhe, um Mutter Erde gleichsam auch in ihrer Ganzheit wahrnehmen zu können. Nur ein wenig schwebe ich empor, um noch in der dichtesten Auraschicht der Erde zu verweilen, doch weit genug, um einen höheren Blick einzunehmen. So sehe ich bald auf mein eigenes Licht herab, wie es auf der Mutter Erde weilt. Ich dehne meinen Blick aus und nehme nun in einiger Entfernung zu dem Landeplatz meines Herzlichtes noch andere Lichter höheren Bewusstseins wahr, welche jedes für sich die Mutter Erde liebevoll berühren. Und ich kann auch ihre tief entflammte Liebe zu diesem Planeten spüren und ihren Wunsch, sich hier zu entfalten...

Je weiter ich aufsteige, um so mehr kann ich erkennen, dass die gesamte Oberfläche des Planeten von unzähligen Lichtern liebenden

Bewusstseins belebt ist, allesamt mit dem Wunsch, hier zu verweilen und die irdische Liebe in all ihren Facetten zu erfahren. Und ich sehe: Mein Licht ist mitten unter ihnen allen. Ich bin ein unübersehbarer Teil von allen, die hier liebevoll anwesend sind. Und dies zu erkennen, lässt die Freude in meinem Herzen erstrahlen und mein Herzlicht sich ausdehnen...

Und ich steige darin im Geiste weiter auf, hoch und höher, hinauf in das All. Durch viele Schichten ätherischen Ausmaßes der Erde, die in ihrer Konsistenz feiner und zarter werden, steige ich so unendlich hoch hinauf, dass mein geistiger Blick wieder den ganz in Violett erstrahlenden Kosmos mit der darin sich wiegenden Mutter Erde erfasst...

Und während Mutter Erde sich mir wieder als in hellem Blau leuchtender Planet in den Weiten des Kosmos zeigt, nehme ich, nun wiedererkennend, auf ihr ein gigantisches Lichternetz liebenden Bewusstseins wahr. Ich sehe: Mein starker liebevoller Gedanke, der meinem innersten Herzen entströmte, sehnte sich wie viele, viele andere liebevolle Gedanken zu diesem Planeten. Das feine und unendlich dichte Lichternetz der Erde umfasst alle liebenden Seelen, die sich ihre Mutter Erde gewählt haben, sich auf ihr in Liebe zu versammeln und zu erfahren. Dieses kraftvolle Netz aus Lichtbewusstsein umspannt flächendeckend den gesamten Planeten...

Wie ein Gong, der mein ganzes Sein erzittern lässt, durchströmt mich nun die eine Wahrheit, als ich tief in mir fühlend erkenne, wie ich selbst in einer Form Teil dieses ewig verbundenen Netzes aus silberhell leuchtendem Licht ursprünglicher Liebe bin. Ganz und gar lasse ich mich nun auf dieses, in atemberaubendem Anblick geborgene Gefühl verbundener Liebe ein...

Während ich die hell leuchtende Mutter Erde mit ihrem Lichternetz liebevoll strahlender Seelen betrachte, dem auch ich selbst angehöre, spüre ich in mir einen immer stärker werdenden Wunsch: Ich möchte den ganzen wundervollen Planeten in meine ätherischen

Hände nehmen und liebevoll in meinem eigenen Kosmos halten. So nehme ich Mutter Erde behutsam in meine geistigen Hände und halte sie zärtlich, während ich sie spüre...

Ich fühle die Wärme der Mutter und der Gemeinschaft aller Seelen auf ihr. Und ich spüre ganz warm einen Puls in meinen Händen schlagen. Der Planet vibriert kraftvoll und das Lichternetz mit ihm in völligem Einklang. Ich nehme in meinen Händen den Pulsschlag des Lebens der Mutter Erde und all ihrer Kinder wahr...

Und ich fühle während dieser Betrachtung, wie die Liebe in mir größer und größer wird, was mich gleichsam bewegt, Mutter Erde in meinen Händen näher und näher zu meinem Herzen zu bringen. Langsam führe ich meine Hände, in denen ich behutsam die in blauer Aura silberhell leuchtende und warm pulsierende Mutter Erde mit allen auf ihr lebenden Seelen halte, zu meinem Herzen hin...

Und dann lege ich Mutter Erde mit ihrem gesamten Lichternetz der *einen* Menschheit, dem auch ich angehöre, in mein Herz hinein... Und ich spüre in mir den Puls des Lebens kraftvoll schlagen und als meinen eigenen Herzschlag vibrieren...

Und die Liebe in mir heilt alle Vergangenheit und Zukunft in diesem einen Augenblick, der Jetzt ist: Die Erkenntnis meiner Liebe im All-Sein. Ich bin unabdingbarer Teil von allem und ich bin das Herz, das die Liebe trägt.

ICH BIN selbst das Licht,
das ausgesendet ist und das empfängt!
ICH BIN!

## Einssein im Menschsein

Das Licht des Amethystes begleitet dich in dem Prozess, dich in deiner Ganzheit als Selbst zu erkennen wie gleichsam als Teil eines einzigen großen Wesens, der Menschheit. Es kann sein, dass du dich dazu hingezogen fühlst, Amethyst als Schmuck oder Heilstein bei dir zu tragen. Doch es ist auch möglich, dass du allein durch die Präsenz der großen Amethystfelder der Erde dich in Verbindung mit diesem Licht stets gut in deinem Bewusstsein der Einheit entwickelst.

Die Energie des Amethystes wirkt stark transformierend, reinigend und einigend und belebt ganz besonders heilsam das Nervensystem mit all seinen Anteilen wie auch die gesamte innere und äußere Wahrnehmung. Das Licht des Amethystes lässt uns erkennen, dass unsere Macht in der liebevollen Verbindung und ganzheitlichen Vernetzung mit *allem* liegt, so wie das Netz der Nerven und die feinsinnige Wahrnehmung uns lehrt, dass alles miteinander und ineinander verwoben ist. Niemand ist jemals allein.

Alle möglichen Themen, die mit der Transformation der Wahrnehmung und der Heilung des Nervensystems einhergehen, werden im Lichte des Amethystes harmonisiert. Heilung geschieht, indem die Wahrnehmung sich bezüglich des Erkennens der Verbundenheit mir *allem, was ist*, mit jedem Menschen, allen Wesen und Mutter Erde erweitert.

Themen der äußeren Wahrnehmung, des Sehens, Hörens, Riechens, Schmeckens und Fühlens werden im Licht des Amethystes ebenso in Heilung gebracht wie Themen der inneren Wahrnehmung und Sensibilität. Disharmonien der Sinne, der Gehirnfunktion und des Nervennetzes zeigen sich nicht allein in Wahrnehmungsstörungen, Hochsensibilität, Reizüberflutung oder geistiger Verschlossenheit. Auch Schmerzen, übermäßige und fehlende oder auch nervöse Ausscheidungsreaktionen der Haut und Schleimhaut sowie andere Überempfindlichkeiten des Körpers und sogenannte »psychosomatische Störungen« können anzeigen, dass das Nervenkostüm nicht in Balance mit der Umwelt ist.

So gibt es umfeldbedingte Durchfall- und Verstopfungserkrankungen wie auch fehlende oder übermäßige Ausscheidungen von Schweiß, Fluor, Urin sowie Absonderungen aus Lunge, Bronchien, Hals-, Nasen-, Rachenraum und Nasennebenhöhlen.

Da wir gerade über den Atem spürbar mit allem verbunden sind, wirkt das Licht des Amethystes besonders auf die Atmung und damit bei Atemwegserkrankungen heilsam.

Die Harmonisierung der Wahrnehmung durch die Energie des Amethystes betrifft besonders das Sehen. Das äußere Sehvermögen steht in direktem Zusammenhang mit der Entwicklung des inneren Sehens. Dies bedeutet nicht, dass äußerlich gut sehende Augen einem hochentwickelten Dritten Auge entsprechen. Es geht immer um Balance mit der höheren Instanz in einer Dreieinigkeit, die hier zwischen Drittem Auge und den beiden physischen Augen besteht, ähnlich Herz und Nieren.

Das Dritte Auge erfüllt die Funktion des »In-die-Zukunft-sehen-Könnens« als Form der Manifestation dessen, was der Mensch sich innerlich vorstellen kann. Die Entwicklung des Dritten Auges hat damit zu tun, mit Liebe in die Zukunft schauen zu können. Alle damit verbundenen Themen, ob und wann ein Mensch mit Liebe in die Welt schaut oder nicht, wie er sich seine Zukunft vorstellt, harmonisch oder disharmonisch, werden mit der Entwicklung des inneren Sehens Schritt für Schritt geheilt. Natürlich können vorrübergehende Probleme der physischen Augen und des Sehens mit dieser Entwicklung einhergehen, jedoch auch Kopfschmerzen oder ganz andere Fehl- oder Überreaktionen des Nervensystems.

Amethyst wirkt natürlich nicht nur heilsam auf dich allein, wie seine Energie und auch das Wachstum des Amethystes in Form von Drusen uns anzeigen. Wie sich viele, viele Kristallspitzen in einer einzigen großen Kristallformation geborgen – und auch hinter grauem Gestein vor dem Blick verborgen – vereinen, so lebt auch der Mensch als strahlender Anteil eines viel größeren und in sich vollständigen Netzes aus Licht, welches sich ihm erst in seiner Entwicklung offenbart und als die Ganzheit zeigt, welche er anstrebt.

So schenkt uns der Amethyst seine Energie ganz besonders zur heilsamen Reinigung von Beziehungen in Gemeinschaften wie von Räumen und Orten. Indem wir uns über sein Licht der Verbundenheit und der Verbindung von Vergangenem und Zukünftigem im Jetzt gewahr werden, erinnern wir uns wahrheitsfindend und heilsam harmonisierend.

Amethyst bei dir zu tragen, empfiehlt sich besonders im Hals- und Kopfbereich, da dies der Harmonisierung der inneren und äußeren Wahrnehmung wie auch der Atmung dienlich ist. Je nach Gefühl ist Amethystkristall auch an anderen Stellen des Körpers aufzulegen, immer dort, wo es gerade spürbar sinnvoll ist. Wie das feine Netz der Nerven den gesamten Körper durchzieht, gibt es überall Wahrnehmung und immer wieder Transformationsbedarf.

Der Amethyst schenkt dir eine ganz besonders schöne Botschaft: Während du in dir selbst die All-Einheit erfährst, erkennst du dich gleichsam ewig eingebunden in ein mächtiges Lichternetz liebenden Bewusstseins.

Es stellt sich Frieden in dir ein, wenn du erkennst, dass du heil und stets in Verbindung mit allem bist und dass das All, ewig von Liebe durchströmt, nur in der Illusion von Getrenntheit zerstörerisch erscheinen kann.

Indem du in dir die Ganzheit erfährst, erkennst du die Ganzheit eines jeden anderen und erspürst zunehmend jede, diese eine Wahrheit verschleiernde Illusion. Im Lichte des Amethystes wirst du deine tiefere Wahrheit erfahren, die dich ruhig und zufrieden betrachten lässt, was je existiert und geschieht, da du die Einheit in dir und in *allem* erkennst.

# Ausklang

Eines Morgens im Spätsommer des Jahres 2012, als ich im Wald spazieren ging, was ich jeden Morgen tue, um mich immer wieder ganz bei mir selbst einzufinden und in mir zu heilen, was gerade in Heilung gelangen möchte, hatte ich eine eindrückliche innere Begegnung. Solch tiefe Begegnungen erhalte ich oft dann geschenkt, wenn etwas Wichtiges transformiert werden möchte, ein größerer Schritt in meinem Bewusstsein ansteht oder gemeistert ist. Ich bekomme innere Zeichen nicht immer derart eindrücklich, wenn ich darum bitte, aber immer dann, wenn ich sie brauche.

Ich hatte an diesem Morgen ein Problem, welches ich in mir zu meistern suchte. Ich kann mich nicht recht erinnern, was es genau war, nur dass es sich um eine zwischenmenschliche Problematik handelte, welche ich in mir zu harmonisieren suchte. Ich fühlte tief in mein Herz, und auf meine Frage, was ich tun kann, erschien mir Jesus der Christus in einem leuchtend weißen Gewand, durchstrahlt und umsäumt von goldenem Licht, welches mir seine Meisterschaft anzeigte. Liebevoll bedeutete mir Jesus Christus als Antwort auf meine Frage, mir meine ganze vollkommene Seele vorzustellen.

Und so sah ich innerlich ein mächtiges Lichtwesen erscheinen. Ebenso leuchtend wie Christus selbst und in Form eines großen, gottähnlichen und für mich ein wenig weiblich erscheinenden Menschen, strahlte es eine so unermessliche Liebe aus, dass ich mich sogleich in seine Arme sehnte. Und Jesus Christus bedeutete mir, mich nun mitten in meine ganze vollkommene Seele hineinzustellen. Und so tat ich dies. Dort, wo ich in Wahrheit schon immer wahr, bin und ewig sein werde, fühlte ich mich sogleich angekommen, gleichsam in mir und überall, wo ich je hin wollte. Das Licht durchstrahlte mich ganz und ließ mich warm erzittern, als in mir die Erinnerung aufstieg, wer ich wirklich bin.

Dankbar und voller Freude schauten Jesus Christus und ich einander an, und im Segen der Begegnung empfing ich seine Worte, welche gleichsam aus mir selbst zu kommen schienen: »ICH BIN HEIL IM LICHT MEINER VOLLKOMMENEN SEELE.« Und so, wie mich an diesem Morgen meine Schritte am Ende aus dem Wald herauslenkten, empfing ich einen Takt und eine Melodie sowie die Erweiterung dieses Mantras auf den Nächsten, den ich im Herzen liebe wie mich selbst, auf das große Wir, die ganze Menschheit, mit der ich ewig verbunden bin.

Und so möchte ich dir zum Ausklang dieses LICHTCHRISTALL-Mantra ans Herz legen, dir und deiner Umwelt Segen und Heilung zu schenken.

Das Mantra ICH BIN HEIL IM LICHT MEINER VOLLKOMMENEN SEELE wirkt am segensreichsten, wenn du dir beim Singen oder Rezitieren innerlich vorstellst, wie du ganz im Lichte deiner vollkommenen Seele dastehst, welche aus reiner Liebe als hell strahlendes Licht existiert.

Sprich oder singe dieses Mantra immer zuerst nur für dich und darüber hinaus nur für andere, wenn du ganz in deiner Kraft bist und dich selbst in deinem Lichte siehst. Möchtest du dieses Mantra für einen anderen Menschen singen, welcher deiner Empfindung nach gerade Hilfe oder Fürbitte benötigt, so singe zuerst für dich selbst, bis du dich ganz in deinem Licht erstrahlen siehst. Stelle dir dann dich selbst und den anderen vor, wie jeder in seinem Seelenlicht steht, wenn du für den anderen Menschen das Mantra singst.

Möchtest du das Mantra für das Wir, für das Wohl der gesamten Menschheit singen, so ist es ganz besonders wichtig, dass du zuerst dich selbst vollkommen in dein Licht stellst. Du kannst nur über dich hinaus strahlen, wenn du dich selbst ganz und gar erfüllst, sonst verlierst du wertvolle Lebensenergie. Dein Mantra kann für das Wir nur heilbringend durch dich wirken, wenn du selbst vollkommen in deinem Licht verankert bist. Fühlst du dich ganz in deiner Kraft und in Licht erstrahlend, so kannst du das Mantra über das Ich und das Du hinaus heilbringend für das Wir, die gesamte Menschheit und Mutter Erde singen.

Das LICHTCHRISTALL-Mantra ist im Takt des Herzens getrommelt auf der zu diesem Buch erhältlichen CD für dich zum Reinfühlen, Mitsingen und Erweitern in Klang gebracht, um es für dich selbst zu singen. Jede Erweiterung kannst du einbringen, wie du in deiner Kraft stehst. In der Erweiterung für das Du und das Wir wird jede Strophe drei Mal gesungen. Aus der heiligen Zahl Drei, welche für die Dreieinigkeit steht, wird durch Drei mal Drei eine weitere heilige Zahl: Die Neun birgt in sich die Vollendung und die universelle Liebe.

Du kannst das Mantra folgendermaßen rezitieren oder singen.

Sieh dich selbst im Licht deiner Seele erstrahlend und singe drei Mal für dich:

»Ich bin heil. – Ich bin heil.
Ich bin heil im Licht meiner vollkommenen Seele.
Ich bin heil im Licht meiner vollkommenen Seele.
Ich bin heil im Licht meiner vollkommenen Seele.«

Sieh dich selbst im Licht deiner Seele und gleichsam in Beziehung zu einem anderen Menschen, den du ebenfalls im Licht seiner Seele siehst. Singe drei Mal:

»Du bist heil. – Du bist heil.
Du bist heil im Licht deiner vollkommenen Seele.
Du bist heil im Licht deiner vollkommenen Seele.
Du bist heil im Licht deiner vollkommenen Seele.«

Danach sieh dich selbst in deiner lichtvollen Seele sowie gleichsam eingebunden in das Lichternetz der Menschheit auf Mutter Erde, ähnlich wie es im Licht des Amthystes erscheint. Singe drei Mal:

»Wir sind heil. – Wir sind Heil.
Wir sind heil im Licht unserer vollkommenen Seele.
Wir sind heil im Licht unserer vollkommenen Seele.
Wir sind heil im Licht unserer vollkommenen Seele.«

So wie dieses Mantra über Wort, Rhythmus und Klang in dir etwas heilsam zum Klingen bringen kann, gibt es viele, viele lichtvolle Wortschöpfungen, die sich offenbaren. Heilsame Worte geben sich dir nicht über den Verstand zu erkennen, sondern über den Klang und die Stimmigkeit in deinem Herzen.

Manchmal braucht es eine Zeit, bis ein Wort dich heilsam erreichen kann, da dein Bewusstsein sich zuvor noch erweitern möchte. So kann dich jeder heilsame Klang zu rechten Zeit erreichen. Es existieren viele überaus heilsame Worte. Ein Wort enorm hoher Schwingung ist das Wort »Gott«, doch nicht bei jedem Menschen wird heute dieses Wort als angenehm oder gar »gut« empfunden. Auch das Wort »Christus« schwingt nicht bei allen Menschen sogleich ohne Widerstand. Manche Heilung braucht seine Zeit.

Eine hochschwingende Wortkombinationen zur heilsamen Erinnerung deiner selbst bildet der Klang »ICH BIN« sowie »ICH BIN der/die ICH BIN«. Mit dem Klang »LICHT-CHRIST-ALL« kannst du deine Verbindung zu *allem, was ist*, im Licht des von einem jeden Menschen in seiner Entwicklung angestrebten Christusbewusstseins erspüren. Mag es auch in anderen Sprachen und Kulturkreisen andere Namen für das sogenannte Christusbewusstsein geben, der Klang ist derselbe. Das biblische Bildnis von der Verwirrung der Sprachen beim Turmbau zu Babel mag uns erinnern, uns der einen Wahrheit im Klang aller Sprachen bewusstzuwerden.

So möchte ich meine Zeilen von Herz zu Herz mit einem Gruß ausklingen lassen:

Gesegnet ist das Licht deines Herzens wie das Licht der Herzen aller! Du erkennst dich selbst, indem du *an-er-kennst alles, was ist.* Liebst du, was du bist, so liebst du am Ende alle deine Offenbarungen in der äußerlich erfahrbaren Welt. So segnest du das ewige Leben selbst, welches du erfährst. Und du bringst am Ende der Seele in Frieden heim Liebe und Glück. So fühle tief in dir selbst und sei dir deiner selbst und der einen Menschheit bewusst:

»ICH BIN der/die ICH BIN.
Ich erinnere mich.
LICHTCHRISTALL. «

**Sei gesegnet!**

# Dankesworte

Ich bedanke mich bei allen geistigen Lichtwesen, welche mich in diesem Projekt begleitet haben und stets und beständig in uns und um uns liebevoll zum höchsten Wohle wirken, sowie bei allen Menschen, die bewusst oder unbewusst, in großen wie in kleinen Taten, Wünschen und Gedanken aus sich selbst heraus ihr Licht zum Segen für alle haben fließen lassen. Ein ganz besonderer Dank gilt der Lichtwesenheit Metatron, welche mich stets begleitet und fordert, meine inneren Kanäle dem Prozess des Niederschreibens der heilsamen Botschaften der Kristalle zu öffnen.

Ich danke meinen Eltern, dass sie den Mut und den Wunsch hatten, mich als ihr Kind in diese Welt einzuladen, und ich danke meinem Stiefvater, dass er mich wie sein eigenes Kind liebt. Ich bin mir dankbar bewusst, dass ich von euch, so wie es euch möglich war, mit allem, was ich je brauchte, um zu wachsen und genährt zu sein, gut versorgt wurde.

Ich danke meinen Töchtern, dass sie mich als ihre Mutter ausgesucht haben und mich von Anfang an bedingungslos die Wahrheit über das einzig Wichtige im Leben lehrten, die Liebe in ihrer Bedingungslosigkeit. Schön, dass ihr mich so richtig wach gemacht habt.

Und ich danke meinem Mann Bernd für seine hingebungsvolle Liebe und großartige Unterstützung bei meinen Werken.

Ganz besonders möchte ich mich bei Johanna und Andreas Lentz für ihr Vertrauen, ihre lichtvolle Präsenz und ihr Herzenswerk bedanken, worin ich letztendlich auch einen wertvollen Impuls zur tieferen Erkenntnis der Bewusstseinsfelder und der uns alle verbindenden Herzvisionen bekam.

Zum Abschluss möchte ich einen tiefen Herzenswunsch von mir in die Welt senden, welcher Anklang finden und Menschen zusammenführen mag. Ich stelle mir vor, einen natürlichen Ort mit einem Klangraum für Kristalle zu gestalten, an dem jeder Mensch, der dies möchte, sich über die Kristall-Klänge erinnern kann, welche Gaben in ihm verborgen schlummern oder verschüttet sind, um diese zum Wohle aller hervorzubringen. Ich möchte gern meine Energie für die Begleitung besonders von hochsensiblen Kindern und deren Familien derart weitergeben können, dass diese Gaben jedem Menschen, ungeachtet von Einkommen und Herkunft, zugänglich sind. Ich stelle mir vor, dass die Erschaffung dieses Ortes und die Begleitung der Menschen mit den Energien und Klängen der Kristalle allein mit Mitteln und Gaben bewerkstelligt werden, welche in reiner Absicht gegeben sind. Ich freue mich sehr, wenn sich liebevolle Menschen finden, die sich bedingungslos einbringen möchten, diesen Ort zu ermöglichen und ganz besonders für unsere Kinder mitzugestalten. Kontakt über: www.lichtchristall.de oder den Verlag Neue Erde.

# Quellenangaben und Literaturempfehlung

## *Meine Quellen*

Die Heilsamen Botschaften der Kristalle und die sie umgebenden Kapitel in diesem Buch sind mit Hilfe der Kristallenergien komplex und medial empfangen und, so gut es mir möglich war, in Worte unserer Sprache übersetzt. Die sich mir in den vielschichtigen Bildern erschließende Weisheit und das daraus aufbereitete Wissen durfte ich über die Erweiterung meines Bewusstseins sowie meine Absicht und Ausrichtung auf Antwort zum Wohle des Ganzen direkt und, soweit es mir jeweils möglich ist, aus der allen Menschen zugänglichen Quelle empfangen. Ich war während des Schreibens in kraftvoller Begleitung einiger Lichtwesen der Engel- und Meisterebene.

Doch bin ich kein leeres Gefäß, wenn ich auch ständig suche, mich immer wieder zu leeren und neu zu öffnen, um mit den staunenden Augen eines Kindes die Welt zu schauen. Zur Darlegung von Zusammenhängen nutze ich über die freien Zugänge hinaus meinen Verstand und das in meinem Leben rational angeeignete Wissen, jedoch nicht ohne mich immer wieder erneut mit allem auseinanderzusetzen und es auf Stimmigkeit zu überprüfen.

## *Literaturempfehlungen*

Wertvolle Literatur, die mich inspirierte und die ich in Resonanz mit den Themen dieses Buches nennen möchte:

Megre, Wladimir: Anastasia, 4. Auflage, 2015, Jestetten, Govinda-Verlag, Band 1 bis 10

Meurois-Givaudan, Anne und Daniel: Essener Erinnerungen – Die spirituellen Lehren Jesu, 2007, Kreuzlingen/München, Hugendubel

Spalding, Baird T.: Die Leben und Lehren der Meister im Fernen Osten, 14. Auflage, 2015, Darmstadt, Schirner Verlag, Band 1 bis 3

Yogananda, Paramahansa: Der Yoga Jesu, 2. Auflage, 2011, Los Angeles, Self Realization Fellowship

Yukteswar, Swami Sri: Heilige Wissenschaft, 2000, Los Angeles, SRF

## Register über die Anwendungen und Wirkbereiche der Kristalle

| *Anwendung bei* | *Kristall* | *auch möglich in Kombination mit* |
|---|---|---|
| Abgrenzung | Rosenquarz | Amethyst |
| Aggressionen wandeln | Rauchquarz | Rosenquarz |
| | Rosenquarz | Rauchquarz |
| | Amethyst | Rauchquarz |
| Ahnen, Heilung über die | Rauchquarz | Rosenquarz |
| | Bergkristall | |
| Akne | Rosenquarz | |
| Atemwegserkrankungen | Amethyst | |
| Atmung | Amethyst | |
| Augen | Amethyst | Bergkristall |
| | Bergkristall | Amethyst |
| | Amethyst | Bergkristall, Rosenquarz, Rauchquarz |
| | Bergkristall | Amethyst, Rauchquarz, Rosenquarz |
| | Rauchquarz | Amethyst, Rosenquarz, Bergkristall |
| Autismus | Rosenquarz | Bergkristall, Rauchquarz, Amethyst |
| Bedingungslose Liebe | Rosenquarz | Rauchquarz |
| Bronchien | Amethyst | Bergkristall |
| Chaos | Rauchquarz | Rosenquarz |
| Denken, Harmonisierung | Bergkristall | |
| Drittes Auge | Amethyst | Bergkristall |
| Eiterungen | Bergkristall | |
| Elektrosmog, Schutz bei | Rosenquarz | |
| Emotionales Herz | Rosenquarz | Rauchquarz |
| | Rauchquarz | Rosenquarz |
| Emotionen | Rosenquarz | Rauchquarz |
| Emotionslosigkeit | Rauchquarz | Rosenquarz |
| Entzündungen | Bergkristall | Rauchquarz |
| Entzündungen, multiple | Amethyst | Bergkristall, Rauchquarz |
| | Amethyst | Rauchquarz |
| Familiensystemische Heilung | Rauchquarz | Rosenquarz |
| Fieberhafte Erkrankungen | Bergkristall | Rosenquarz, Rauchquarz, Amethyst |
| Fokussierung | Bergkristall | |
| Fremdenergien | Bergkristall | Rosenquarz, Rauchquarz, Amethyst |
| | Amethyst | Bergkristall, Rosenquarz, Rauchquarz |

| | | |
|---|---|---|
| Frieden | Rosenquarz | Amethyst, Bergkristall, Rauchquarz |
| Fühlen, Tastsinn | Bergkristall<br>*Siehe Sinne* | Rauchquarz |
| Gefäßverengung | Rauchquarz<br>Rosenquarz<br>Rauchquarz | Rosenquarz<br>Rauchquarz<br>Rosenquarz |
| Gefühle | Rosenquarz | Rauchquarz |
| Geistige Ausrichtung | Bergkristall | |
| Geistigkeit | Amethyst | |
| Gnade | Rauchquarz | Rosenquarz |
| Halschakra | Amethyst | Bergkristall |
| Harmoniebedürfnis | Rosenquarz<br>Bergkristall | <br>Rosenquarz |
| Hautunreinheiten | Rosenquarz<br>Rauchquarz | Bergkristall<br>Rosenquarz |
| Herz | Rosenquarz<br>Amethyst<br>Rauchquarz | Rauchquarz<br>Rosenquarz<br>Rosenquarz |
| Herzchakra | Rosenquarz<br>Rauchquarz | Rauchquarz<br>Rosenquarz |
| Herzkranzgefäß-Verengung | Rosenquarz<br>Bergkristall | Rauchquarz<br>Rosenquarz |
| Hochsensibilität | Rosenquarz | Bergkristall |
| Hoffnung, neue | Rauchquarz<br>Rosenquarz | Rosenquarz, Amethyst<br>Rauchquarz, Amethyst |
| Hören | Bergkristall<br>Amethyst<br>*Siehe Sinne* | Rauchquarz<br>Bergkristall |
| Innere Wahrheit | Bergkristall<br>Rosenquarz | Rosenquarz<br>Rauchquarz, Bergkristall |
| Kinderkrankheiten | Bergkristall | Rosenquarz, Rauchquarz, Amethyst |
| Klarheit | Bergkristall | |
| Kontakt | Amethyst | Bergkristall |
| Konzentration auf ein Ziel | Bergkristall | |
| Konzentration sammeln | Amethyst | |
| Kopfschmerzen | Bergkristall | Rosenquarz, Amethyst |

| | | |
|---|---|---|
| Lebenskraft, Fluss der | Rauchquarz | Rosenquarz, Bergkristall |
| | Rosenquarz | Rauchquarz, Bergkristall |
| Lunge | Amethyst | Bergkristall, Rauchquarz |
| Menschengruppen, Balance | Amethyst | Rosenquarz, Bergkristall |
| Migräne | Bergkristall | Rosenquarz, Rauchquarz, Amethyst |
| Nächstenliebe | Rosenquarz | Rauchquarz |
| Nase | Bergkristall | Amethyst |
| Nasennebenhöhlen | Bergkristall | Amethyst |
| Nein sagen lernen | Rauchquarz | Rosenquarz |
| | Rosenquarz | Rauchquarz |
| | Bergkristall | Amethyst |
| Nervenbahnen | Rauchquarz | Bergkristall |
| | Amethyst | Bergkristall |
| | Bergkristall | Rauchquarz, Amethyst |
| Nervensystem | Rauchquarz | Bergkristall, Amethyst |
| Nieren | Rauchquarz | Rosenquarz |
| Nierenversagen | Rauchquarz | Rosenquarz |
| Ohren | Bergkristall | Amethyst |
| Opfer-/Täterdasein beenden | Rauchquarz | Rosenquarz, Amethyst |
| | Rosenquarz | Rauchquarz, Amethyst |
| Parasiten | Bergkristall | Rosenquarz, Rauchquarz, Amethyst |
| | Amethyst | Rosenquarz, Bergkristall |
| Psychosomatische Störungen | Rauchquarz | Rosenquarz |
| | Rosenquarz | Rauchquarz |
| Raumreinigung | Bergkristall | Amethyst, Rosenquarz, Bergkristall |
| Reinheit | Bergkristall | |
| Reinigung | Bergkristall | |
| Reizdarm | Amethyst | Rosenquarz |
| Riechen | Bergkristall | Rauchquarz |
| | Amethyst | Bergkristall |
| | *Siehe Sinne* | |
| Scheitelchakra | Bergkristall | Amethyst |
| | Rauchquarz | Bergkristall |
| Schlaf | Rauchquarz | Rosenquarz |
| | Rosenquarz | Bergkristall |
| Schmecken | Bergkristall | Rauchquarz |
| | *Siehe Sinne* | |

| | | |
|---|---|---|
| Schmerz | Rauchquarz | Rosenquarz |
| Schuldgefühle | Rauchquarz<br>Rosenquarz | Rosenquarz<br>Rauchquarz |
| Seelenanteile integrieren | Bergkristall<br>Rauchquarz | Rauchquarz<br>Bergkristall |
| Sehen | Amethyst<br>Bergkristall<br>Rauchquarz<br>*Siehe Sinne* | Bergkristall<br>Amethyst<br>Amethyst |
| Selbstliebe | Rosenquarz<br>Bergkristall | Rauchquarz<br>Rosenquarz |
| Selbstwahrnehmung | Rauchquarz<br>Rosenquarz | Rosenquarz<br>Bergkristall |
| Selbstwertgefühl | Bergkristall<br>Rosenquarz | Rosenquarz, Amethyst<br>Bergkristall |
| Sinne, Sinneswahrnehmung | Amethyst<br>Bergkristall<br>Rauchquarz | Bergkristall<br>Amethyst<br>Bergkristall |
| Stirnchakra | Amethyst | Bergkristall |
| Strahlungen, Abgrenzung vor | Rosenquarz | |
| Streit lösen | Rosenquarz | Rauchquarz |
| Transformation | Amethyst | Rosenquarz, Rauchquarz |
| Trauma | Rauchquarz | Rosenquarz |
| Verdauungsstörungen | Amethyst<br>Rauchquarz | Rosenquarz<br>Rosenquarz |
| Vergebung | Rosenquarz | Rauchquarz |
| Verletzung | Rauchquarz | Rosenquarz |
| Vernetzung | Amethyst<br>Amethyst<br>Bergkristall | Bergkristall<br>Rosenquarz, Bergkristall<br>Rauchquarz, Rosenquarz, Amethyst |
| Verschlossenheit | Rauchquarz<br>Rosenquarz | Rosenquarz<br>Bergkristall, Rauchquarz, Amethyst |
| Verstand, Harmonisierung | Bergkristall | |
| Wurzelchakra | Rauchquarz | |
| Zähne | Bergkristall | Amethyst |

# Glossar

Die Sprachen, mit denen wir Menschen uns heute zu verständigen suchen, entstammen alle ein und derselben Ursprache, welche in Klängen existiert, wobei zu jedem Klang eine lebendige und vollkommene Gestalt gehört.

Die Klänge unserer Ursprache sind hinter den heute verwendeten Sprachen erhalten geblieben. Unsere Ursprache ist jederzeit vorhanden und abrufbar. Mit jeder bewussten Verwendung der Sprache steigt die Macht der Erkenntnis des Göttlichen im Menschen.

So möchte ich dir die Namen und Begriffe der an diesem Buch mitwirkenden Energien und Wesenheiten nahebringen:

| *Name* | *Bedeutung seiner Schwingung oder seines Klangs* | *Farbliche Erscheinung* |
|---|---|---|
| El (die Silbe) | von Engeln begleitet, durch Engel behütet, mit Engeln sein | silberhell, kristallweiß |
| Engel | E'ng-El: Urschöpfungston erstrahlt zum Licht; ausgesandte göttliche Begleitung | alle Farben |
| Erz-Vorsilbe | H'-Erz: ursprünglich »H'erz« als Ausdruck für Quelle, Tor, Innerstes, Ganzes, Eines; wurde zu »Erz« als Kennzeichen einer sogenannten höheren Ebene in einer Hierarchie, die es nur in der Illusion gibt. | unsichtbar |
| Erzengel | Erz-E'ng-El: Hüter der Erscheinung der Göttlichen Strahlen ursprünglichen Lichtes; das ursprüngliche göttliche Licht bildet die Einheit von Licht und Nichtlicht | transparent |
| Erzengel Chamuel | Cha-Mu-El: mit den Engeln aus dem Herzen Gottes in das Herz der Natur und der erfüllten Liebe auf Erden fließend | rosa, magenta |
| Erzengel Gabriel | Ga-Bri-El: mit den Engeln im Heiligen Licht der Reinheit und Unschuld des göttlich Ursprünglichen schwingend, verharrend | strahlend weiß, kristallklar |
| Erzengel Uriel | U-Ri-El: mit den Engeln durch das läuternde Feuer Gottes aus Tiefe, Glaube, Wahrhaftigkeit zur Glückseeligkeit findend | rubinrot-gold und rauchartig |

| | | |
|---|---|---|
| Erzengel Zadkiel | Za-d'-Ki-El: mit den Engeln und dem geistigen Feuer der Erkenntnis und Transformation auflösend zu lichtvoller Präsenz im Erdenleben strebend | hell strahlendes bis sattes Violett |
| Jesus Christus | Selbstverwirklichter Meister im Christusbewusstsein | kristallweiß, gold |
| Kuan Yin | QuU-An-Yin: die urweibliche, unendlich liebende Kraft des Mitgefühls als Tor der Transformation des Geistes zur Materie; Meisterenergie weiblicher Gotteskraft | reinweiß und dunkelviolett |
| Metatron | Me-Tat-Tron: der Atem Gottes – unsichtbar, doch alliebend – umgibt und erfüllt das All in Seiner Allgegenwart | lichtspendend: im Sonnenlicht und im Blau des Himmels |
| Natur | N'at-Ur: die göttliche Natur, das Ursprüngliche, die Natur allen Seins/die Natur des Menschen = der ursprüngliche, göttliche Mensch im Spiegel seiner Umwelt | alle Farben |
| Seraphim | Se-Ra-Phi'M: Sieh/Erfühle/Erlebe das göttliche Licht in der Freude/Glückseeligkeit; auch das sichtbar gewordene Licht Gottes | kristallweiß, gold bis hin zu allen Farben |
| Serapis Bey | Se-Ra-Phi's Be-iy: Ufer der Berührung mit dem Geist der Seraphim; Meisterenergie der gelebten göttlichen Einheit im Menschsein, die ursprüngliche Reinheit | kristallweiß, gold |

# Über die Autorin

*Ich habe in meinen vergangenen Lebensjahren in viele Wissensgebiete, Berufe und Orte geschnuppert, um zu erfahren, dass meine Freude in der Heilarbeit mit Menschen und gleichsam mit der Natur liegt und dass alles, was ich je erfahre, wichtige Teile in meiner Entwicklung sind. Mein großartigster Lehrer ist mein Leben selbst, das sich aus meinem Inneren heraus in seiner ganzen Fülle entfaltet und in Beziehung mit jedem Menschen, mit allen Wesen und in jeder einzelnen Begegnung gestaltet.*

Anja Tochtermann

**Anja Tochtermann** hat nach ihrem Studium der Wirtschaftsinformatik und langjähriger entsprechender Berufstätigkeit durch eigene Erkrankungen zu den Naturheilverfahren gefunden. In der Auseinandersetzung mit den Hintergründen von Krankheit und Gesundheit und auf der Suche nach wahrer Lebenserfüllung begann sie ihr Leben neu auszurichten. Sie absolvierte ein dreijähriges Studium der Klassischen Homöopathie und eine intensive Vorbereitung auf ihre Tätigkeit als Heilpraktikerin. Sie machte sich mit verschiedenen Methoden der Kinesiologie, mit geistigem Heilen und dem Familienstellen nach Bert Hellinger vertraut. Weitere Heilmethoden, so auch der Zugang zu den Kristallenergien und Klängen, erschlossen und erschließen sich ihr stets auf geistig-medialem Wege durch die Ausrichtung auf seelische Heilung in sich selbst und in den Menschen, die zu ihr finden.

Anja Tochtermann arbeitet seit 2006 in eigener Praxis mit den Schwerpunkten Klassische Homöopathie, Energetische Heilverfahren und Klang und leitet freie, medial geführte Familien- und Systemaufstellungen. Sie arbeitet überwiegend mit geistig-seelischer Wahrnehmung und nutzt zudem Kristallenergien, Schwingungsessenzen, homöopathische Mittel und Klänge, während sie sich immer individuell auf den jeweiligen Wunsch der Seele nach Entfaltung und die dazu nötigen Heilungsschritte ausrichtet. In einer Klang-Therapie sowie in den regelmäßig stattfindenden

Kristall-Klang-Meditationen übermittelt sie die empfangenen Seelen- und Kristall-Klänge mit Obertönen durch Monochord und Gesang.

Weitere Informationen rund um die ***Heilsamen Botschaften der Kristalle***, zur Naturheilpraxis und Seminaren, Lichtchristall-Essenzen, Klangerlebnissen und Meditations-CDs eröffnen sich im Internet unter www.LICHTCHRISTALL.de.

Die CD zum Buch »Herzöffnung« kann über diese Internet-Adresse bestellt werden wie auch Lichtchristall-Essenzen der Kristalle Rosenquarz, Rauchquarz, Bergkristall und Amethyst.

**Nach dem Reinigen kommt das Aufladen**

Wir alle sind im täglichen Leben Ärger, Frustration und Vereinnahmung ausgesetzt, und nur zu leicht schleppen wir diese negativen Gefühle mit uns herum. Haben wir gelernt, uns energetisch zu reinigen, so können wir uns davon wieder befreien, doch damit darf es nicht aufhören: Wir müssen unseren Schutzmantel anschließend auch wieder stärken, müssen uns aufladen!
Wie das geht, das erklärt dieses Buch.

Andrea Moutty
**Klar und wach**
Die energetische Reinigung und Aufladung
*Paperback, 112 Seiten*
ISBN 978-3-89060-691-0

**Heilwissen in einer neuen Dimension**

Dieses Buch beschreibt einen völlig neuen Ansatz für die Arbeit mit ätherischen Ölen und geht damit weit über die klassische Aromatherapie hinaus. Statt eines begrenzten materiellen Verständnisses oder einer wenig differenzierten emotionalen Schilderung der Öle, versteht der Autor die ätherischen Öle als geistige Wesen mit einem jeweils sehr spezifischen Lebensprinzip, das sie vermitteln und auf dem ihre Heilwirkung beruht. Dies ermöglicht eine klare Differenzierung der Öle und gibt Sicherheit bei der Findung des richtigen Öls.

Thomas von Rottenburg
**Heilkunde der ätherischen Öle**
*Paperback, 256 Seiten*
ISBN 978-3-89060-659-0

**Oft kopiert, nie erreicht**

Dieses Buch bietet im ersten Teil die Grundlagen der Steinheilkunde, wie und warum sie wirkt. Im zweiten Teil werden über hundert Steine ausführlich vorgestellt, die heilkundlich bereits gut erforscht sind. Die vielfältigen Aspekte der Heilung von Körper, Geist und Seele durch spezifische Steine werden hier ausführlich beschrieben.

Michael Gienger
**Die Steinheilkunde**
Das Handbuch
*Paperback, 448 Seiten,*
*mehr als 100 Farbtafeln*
ISBN 978-3-89060-648-4

**Der Ratgeber für zu Hause**

Die Steinheilkunde ist in den letzten Jahren von vielen Praktikern weiterentwickelt worden. So konnten in dieser Neuausgabe viele Heilanwendungen aufgenommen werden, die sich in der Praxis bewährt haben. Dabei beschränkt sich Michael Gienger nicht auf die Steine allein, sondern er zeigt, wie sie sinnvoll ergänzt oder als Unterstützung auch bei schwerwiegenden Erkrankungen herangezogen werden können. Das Hausbuch für alle, die mit Steinen heilen wollen.

Michael Gienger
**Die Heilsteine-Hausapotheke**
Hilfe von A wie Asthma bis Z wie Zahnschmerzen
*Paperback mit Klappen und*
*Fadenheftung, 320 Seiten,*
*mit 14 Farbtafeln*
ISBN 978-3-89060-078-9

**Sie finden unsere Bücher in Ihrer Buchhandlung oder im Internet unter www.neue-erde.de**

Im deutschen Buchhandel gibt es mancherorts Lieferschwierigkeiten bei den Büchern von NEUE ERDE. Dann wird Ihnen gesagt, dieses oder jenes Buch sei vergriffen. Oft ist das gar nicht der Fall, sondern in der Buchhandlung wird nur im Katalog des Großhändlers nachgeschaut. Der führt aber allenfalls 50% aller lieferbaren Bücher.

Deshalb: Lassen Sie immer im VLB (Verzeichnis lieferbarer Bücher) nachsehen, im Internet unter **www.buchhandel.de**

Alle lieferbaren Titel des Verlags sind für den Buchhandel verfügbar.

Bitte fordern Sie unser Gesamtverzeichnis an unter

NEUE ERDE GmbH
Cecilienstr. 29 · 66111 Saarbrücken
Fax: 0681 390 41 02 · info@neue-erde.de
www.neue-erde.de

NEUE ERDE